David B. Bolen II

Höre auf
dich selbst!

David B. Bolen II

Höre auf
So werden die
dich selbst!
innersten Wünsche wahr

Aus dem Amerikanischen
übersetzt von
Jürgen Schilling

Die Deutsche Bibliothek – CIP–Einheitsaufnahme

Bolen II., David B.
Höre auf dich selbst! : so werden die innersten Wünsche wahr / David
B. Bolen, II. / Aus dem Amerikan. übers. von Jürgen Schilling. –
Landsberg am Lech : mvg, 1999
  (mvg-Paperbacks ; 08645)
  Einheitssacht.: How you see it, how you don't <dt.>
  ISBN 3-478-08645-0

© der amerikanischen Ausgabe: David B. Bolen, II. First published in
the United States of America by New Verity Publishing 1997.
Titel der amerikanischen Originalausgabe: „How you see it, how you
don't"
Aus dem Amerikanischen übersetzt von Jürgen Schilling.

© der deutschsprachigen Ausgabe 1999 bei mvg-verlag im verlag
moderne industrie AG, Landsberg am Lech

Umschlaggestaltung: Vierthaler & Braun, München
Satz: mi, Alexander Eggstein
Druck- und Bindearbeiten: Presse-Druck Augsburg
Printed in Germany 080 645/899502
ISBN 3-478-08645-0

Höre auf Dich selbst!

Entdecken Sie die Magie und Macht Ihrer
Überzeugungen

Danksagung

Dieses Buch ist meinen Eltern und meiner Schwester
gewidmet in Dank für die langjährige Unterstützung und
ihre bedingungslose Liebe.

Danke, daß Ihr das wichtigste Geschenk im Leben mit
mir teilt, die Überzeugung, daß ich sein kann, was ich
sein möchte.

Inhaltsverzeichnis

Das nennen wir Leben!

Wenn wir phantasieren, nennen wir das Träumerei
Wenn wir uns erinnern, nennen wir das Gedächtnis
Wenn wir uns des Moments bewußt sind, nennen wir
das Dasein
Wenn wir vergessen, nennen wir das Altern
Wenn wir dies alles integrieren, nennen wir das Leben!

Wenn wir jemandem nahe sind, nennen wir das Liebe
Wenn wir uns schlecht behandelt fühlen, nennen wir
das Verstoß
Wenn wir uns ärgern, nennen wir das Macht
Wenn wir uns großartig fühlen, nennen wir das Glück
Wenn wir Gefühle empfinden, nennen wir das Leben!

Wenn wir uns etwas gutes vorstellen, nennen wir das
Freude
Wenn wir uns etwas schlechtes vorstellen, nennen wir
das Furcht
Wenn wir uns die vielen Jahre vorstellen, nennen wir
das Alter
Wenn wir uns die Freiheit vorstellen, nennen wir das
Jugend
Wenn wir uns einfach etwas vorstellen, nennen wir
das Leben!

Wenn wir an unser Urteil glauben, nennen wir das Gerechtigkeit
Wenn wir an unsere Erwartungen glauben, nennen wir das Hoffnung
Wenn wir an unsere Gedanken glauben, nennen wir das Empfindung
Wenn wir an unsere Vorstellungen glauben, nennen wir das Wirklichkeit
Wenn wir an unsere Überzeugungen glauben, nennen wir das Wahrheit!

Das nennen wir Leben!

Vorwort

Sie werden schon bald erkennen, daß Sie schon immer dort gewesen sind, wo Sie sich jetzt befinden, und daß Sie dort auch schon waren, bevor Sie erwachten.

Die moderne Psychologie befaßt sich mit dem Ego, dem inneren Kind und schlecht funktionierenden Familien. Verschiedene Psychologen und Lebensberater haben jedoch erkannt, daß die Konzentration auf den pathologischen Teil des Wesens ziemlich hinderlich sein kann. Die Befürworter dieser neuen Sichtweise, daß unserem persönlichen Wachstum nämlich sehr viel mehr damit gedient ist, wenn wir unsere Gesundheit betonen, behaupten, daß ein Patient sich mit irrelevanten Gedanken aufhält, wenn er sich auf seine Fehler konzentriert, da diese ihm kein erfülltes Leben geben können. Menschen, die hingegen einen ganz anderen Weg suchen, ihr Leben mit Freude zu erfüllen, halten es unter Umständen für eine bessere Lösung, selbst zum Experten des eigenen Lebens zu werden.

Weil wir nach Anerkennung streben, vergleichen wir die Geschwindigkeit, mit der wir unser emotionales und körperliches Niveau steigern, mit der anderer Menschen, denn wir wollen wissen, ob wir auch normal sind. Solange wir solche Vergleiche jedoch für wichtig halten, programmieren wir uns dahingehend, unseren Schmerz auszuhalten, weil es nun mal normal ist. Und obwohl uns dies eventuell das Gefühl verschafft, angenehm normal zu sein, untergraben wir damit zugleich unsere Fähigkeit, den Augenblick zu genießen.

Unangenehme Umstände und wichtige Veränderungen können zu großen Fortschritten in unserem persönlichen Wachstum führen. Aber Veränderungen ereignen sich nun mal, egal, ob wir sie selber herbeiführen oder ob wir nichts tun. Weil uns jedoch nicht klar ist, was wir eigentlich wollen, denken wir kaum darüber nach. Diese Grundfrage nach dem, was wir wollen, ist aber vielleicht weit wichtiger als die nach den Ereignissen in unserer Kindheit.

Wir beschäftigen uns meist damit, was wir nicht wollen, d.h. wegen unserer Befürchtungen und Ängste befassen die meisten von uns sich vor allem mit dem Versuch, das Ungewollte zu verhindern: das Ende einer Beziehung, den Verlust des Arbeitsplatzes, den finanziellen Ruin, Übergewicht, Krankheit, Kontrollverlust, ein Opfer zu werden und endlos so weiter. Vielen ist inzwischen bewußt, daß dieses, von Befürchtungen gesteuerte Denken dazu führt, daß Menschen in Therapie bleiben oder weiterhin Lebenshilfebücher kaufen und an Seminaren teilnehmen, die ihnen zu persönlichem Wachstum verhelfen sollen. Aber weil sie weiterhin nach dem Geheimnis dauerhaften Glücks suchen, übersehen sie oft die Tatsache, daß das Gesuchte bereits vorhanden ist. Den meisten Menschen ist einfach nicht bewußt, daß Gedanken und Überzeugungen zu Gefühlen und diese zu konkretem Verhalten führen. Wenn wir das jedoch wissen, dann sind wir vielleicht in der Lage, die *Essenz* dessen, was wir wollen, zu kreieren, ohne die Hilfe anderer zu benötigen und ohne von ihnen abhängig zu sein.

Wie erlangt man also die Kontrolle über das eigene Denken? Man hat festgestellt, daß wir unser auf Ängsten beruhendes Denken überwinden können, wenn wir uns von Moment zu Moment damit befassen, die *Essenz* dessen zu kreieren, was wir wollen. Diese Antwort ist aus der Sicht mancher Skeptiker viel zu einfach. Und auch andere sind davon überzeugt, daß das Leben kompliziert ist und daß es eben keine einfachen Antworten gibt, beziehungsweise daß diese eine Illusion sind. Aber auch an dieser Stelle gilt: Wenn wir ein anderes Glaubenssystem implementieren, eines, das unsere Erfahrungen ändert, dann sind wir womöglich in der Lage, unsere Lebensqualität drastisch zu steigern.

Das führt uns zum Thema Gesundheit. Gesundheit wird bisweilen als beschwerdefreier Zustand definiert. Aber womöglich sollte man Gesundheit besser als die Fähigkeit zu heilen betrachten. Beschwerden signalisieren ja durchaus auch den Anfang eines Genesungsprozesses. Wenn Sie sich also das nächste Mal deprimiert fühlen oder Halsschmerzen haben, könnten Sie diese Symptome auch als eine Nachricht Ihres gesunden Geistes auffassen, der Ihnen zu verstehen gibt, daß Sie sich in einem Genesungsprozeß befinden (und nicht krank werden). Diese Perspektive wäre wiederum eine eindeutige Entscheidung für den Glauben an Ihr Potential. Darüber hinaus übernehmen Sie auf diese Weise Verantwortung; nämlich die Verantwortung, mit dieser Überzeugung das Leben zu kreieren, das Sie eigentlich leben *wollen*. Letztlich sind Sie selbst dafür verantwortlich, zu erkennen, daß das Leben unendlich viele Möglichkeiten beinhaltet. Möglichkeiten, die Ihnen so nahe sind wie die Denkprozesse und Überzeugungen, für die Sie sich entscheiden.

Das Leben verfügt über Intelligenz und die Fähigkeit, sich anzupassen, zu heilen und mit dem Abnormalen umzugehen. Aus diesem Grund kann unsere natürliche Fähigkeit, Dinge und Situationen richtig einzuschätzen, in schwierigen Zeiten auch eine gute Stütze sein. Viele Menschen verlieren ihre Objektivität, weil sie sich den Kopf über Schwierigkeiten zerbrechen, die sie ohnehin nicht beeinflussen können. Weshalb sollte man seinen Streß noch dadurch vergrößern, daß man sich dauernd Sorgen darüber macht, was alles passieren könnte? So bringt es nur allzuviele Menschen regelrecht aus der Fassung, sich mitten im Leben dauernd mit dem illusionären Konzept eines Lebens *nach* dem Tod zu befassen. Andere Menschen befassen sich ständig mit ihrem Leben *vor* ihrer heutigen Existenz und sie kleben an ihren Vorstellungen darüber, was vor vielen, vielen Jahren oder gar in einem vorigen Leben geschehen ist. Wenn wir uns zu sehr mit unserer Vergangenheit oder Zukunft befassen, berauben wir uns der glücklichen Erfahrung unserer Gegenwart, die unseren Körper und unseren Geist bei Gesundheit hält. Gesundheit und Genesung des Körpers/Geistes hängen von unserem gegenwärtigen Zustand ab.

Unser emotionaler Erfolg ist am ehesten gewährleistet, wenn wir die Überzeugung loslassen, wir müßten uns selber wieder in Ordnung bringen und permanent persönlich wachsen. Die Wahrheit könnte ja auch lauten, daß wir vollkommen sind, genau so, wie wir jetzt sind. Die Besessenheit vom persönlichem Wachstum lenkt uns in Wirklichkeit von unserem wahren Potential ab, nämlich in jedem Moment das zu kreieren, was wir wollen. Wenn wir Frieden wollen, müssen wir friedfertig sein; wenn wir Liebe wollen, müssen wir liebevoll sein; wenn wir Freude wollen, müssen wir freudevoll sein. Aber man hat leider versucht, uns davon zu überzeugen, daß wir irgend etwas verleugnen oder unterdrücken, wenn wir glücklich sind. Denn es geht doch schließlich darum, glücklich zu werden, wenn wir Therapien machen, Lebenshilfebücher lesen und Seminare besuchen, oder? Dabei verdrängen wir jedoch die Fähigkeit, unser Denken und unsere Überzeugungen so zu ändern, daß wir schon heute ein emotional befriedigendes Leben kreieren. Viele erleuchtete Seelen wissen allerdings, daß es Freude macht, die Macht der eigenen Überzeugungen zu kennen.

Wenn das Universum unseres Denkens und unserer Überzeugungen sich mit dem Universum verbindet, das wir als außerhalb unserer Selbst wahrnehmen, dann erkennen wir die größte Kraft, die es überhaupt gibt. Aus dieser Quelle schöpfend schaffen wir echte Transformation, Gesundheit, Freude, Liebe und Erfolg.

Einleitung

Ich lächelte, und die Welt erwiderte mein Lächeln.

Nachdem mein erstes Buch *The Essence of Living: Reaching Beyond Global Insanity* veröffentlicht worden war, hatte ich keineswegs die Absicht, ein zweites Buch zum gleichen Thema zu schreiben. Andererseits konnte ich den Reaktionen entnehmen, daß viele Leser die Philosophie meines ersten Buches zwar von ganzem Herzen begrüßten, es ihnen jedoch schwerfiel, ihr Leben zu ändern und ihre Wünsche im Alltag zu realisieren. Das Buch hatte den von mir gewünschten Zweck erfüllt, denn es regte zum Nachdenken an und öffnete vielen Menschen die Augen, aber es war ihnen offensichtlich nicht klar, wie sie diese neue Sichtweise praktisch nutzen konnten. Für Leser, die bisher nur in traditionellen Bahnen gedacht hatten und entsprechende Überzeugungen hegten, war das Buch zu abstrakt.

Neben den Briefen vieler Leser, die wertvolle Anregungen in *The Essence of Living* gefunden hatten, erhielt ich auch Briefe und Anrufe von Lesern, die nicht davon überzeugt waren, daß sie ihr Leben anhand des Buches ändern konnten oder wollten. Außerdem erfuhr ich von einigen, die ihr Leben ändern wollten und bereit waren, ihren Ängsten ins Gesicht zu sehen, daß sie keine Erfüllung im Leben empfanden. Das war zunächst ein ziemlich rätselhaftes Phänomen für mich. Als ich aber mit

einigen Lesern ein Arbeitsbuch durchnahm, das ich als
Zusatz zu *The Essence of Living* entwickelt hatte, entdeckte ich ein Muster, das diesen Schwierigkeiten zugrunde lag. Ich verstehe nun, weshalb diese Leser nicht
verwirklichen konnten, was sie realisieren wollten und
entdeckte drei wesentliche Gründe dafür.

Erstens ist es für viele Menschen ungewöhnlich, sich
Zeit dafür zu nehmen, die eigenen Überzeugungen kennenzulernen und das Leben neu zu überdenken. Erst
wenn äußere Umstände oder Situationen auftreten, in
denen sie sich nicht wohl fühlen, denken sie über ihre
Erfahrungen nach und analysieren, wie sie anders hätten
reagieren können – natürlich in der Hoffnung besser zu
reagieren, wenn die Situation erneut auftauchen sollte.
Allerdings waren diese Leser diesbezüglich häufig von
sich selbst enttäuscht, weil sie meistens nicht so reagier-
ten, wie sie es sich vorgenommen hatten.

Zweitens fiel mir auf, daß Menschen fast immer Hilfe
bei anderen suchen, damit sie gemäß ihrer eigenen *Essenz*
reagieren können. Trotz aller Seminare, Workshops, Therapien und Bücher, die sie besucht und gelesen hatten,
waren sie nur teilweise von ihrer Kraft überzeugt, genau
das erschaffen zu können, was sie kreieren wollen. Der
gemeinsame Nenner, der diese Menschen davon abhält,
ihr Leben den eigenen Wünschen entsprechend zu leben,
sind ihre Überzeugungen.

Nach weiteren Forschungen entdeckte ich den dritten
Grund: Die meisten Menschen haben Überzeugungen, die
sich widersprechen. Überzeugungen, die damit zusam-
menhängen, was sie wollen, werden von gegenläufigen
Überzeugungen untergraben, und dadurch können sie das
gewünschte physische, emotionale oder spirituelle Resultat nicht verwirklichen. Sie hafteten bedeutend stärker

an der physischen Manifestation ihrer Wünsche als am emotionalen oder spirituellen Erfolg derselben. Sogar religiöse Menschen zweifeln bisweilen an ihren Überzeugungen und der Fähigkeit, das zu erschaffen, was sie kreieren wollen. Wenn sie keine physischen Beweise haben, verwerfen viele Menschen ihre Überzeugungen und verlieren damit ihr Selbstvertrauen – sie trauen einfach nicht eigenen Überzeugungen. Das alte Motto: „Ich glaube nur, was ich sehe" herrscht immer noch vor.

Das menschliche Gehirn läßt sich programmieren. Wir nennen diese Programme, die uns sagen, wie wir unser Leben gestalten sollen, *Überzeugungen*. Als Kind werden wir von Quellen programmiert, die außerhalb unserer Selbst liegen. Und auch als Erwachsene lassen wir uns nur zu leicht von unserer alltäglichen Umgebung programmieren. Wir können uns jedoch auch selber programmieren. Dank dieser Fähigkeit können wir unser Leben selbsttätig und fundamental ändern.

Jedesmal, wenn wir eine Gewohnheit durchbrechen, haben wir uns selber neu programmiert. Wir können nicht nur unser Verhalten und unser Handeln neu programmieren; dasselbe ist auch mit unseren Gefühlszuständen möglich. Wenn wir uns erst einmal dieser Tatsache bewußt sind, können wir auch entscheiden, wie wir unser Leben gefühlsmäßig erfahren wollen. Jene Gefühle, die wir in unserem Leben am liebsten erleben möchten, nenne ich *Essenz*. Der wahre *Sinn unseres Lebens*[*] ist es, unsere *Essenz* zu erfahren.

---

[*] Der Autor verwendet im Englischen durchgehend den Begriff *purpose,* der eine vielschichtige Bedeutung hat; im Deutschen wurde er je nach Kontext mit Lebensziel, Lebenszweck und Sinn des Lebens übersetzt.

In Teil Eins werden wir uns mit unseren Überzeugungen und deren Ziel befassen; sie wollen uns nämlich helfen, ein erfülltes, befriedigendes und glückliches Leben zu führen. Sie werden auch entdecken, daß sich widersprechende Überzeugungen sogar die nobelsten Absichten zunichte machen können. In Kapitel Zwei haben Sie die Gelegenheit, den wahren Sinn Ihres Leben zu erkunden und ihn entsprechend zu leben. Wenn Sie sich dann anschließend Ihrem Lebensziel verpflichtet haben, finden Sie in Kapitel Drei grundlegende Kernüberzeugungen, die dem eventuell im Wege stehen. Natürlich sind Befürchtungen und Ängste ein ziemlich großes Hindernis, aber eigentlich sind sie nichts weiter als Überzeugungen darüber, was vielleicht geschehen könnte. In Kapitel Vier werden Sie erfahren, wie wir die Risiken im Leben verringern können, indem wir jene Überzeugungen erforschen, die zu furchtsamen Gedanken und Gefühlen führen.

In Teil Zwei untersuchen wir ein neues Paradigma und eine neue Perspektive für ein erfolgreiches Leben. Diese neue Sicht wird Ihnen helfen, Ihre Probleme als Chance zu betrachten. Statt das Leben in Kategorien einzuordnen, werden Sie sehen, wie erfolgreich wir sein können, wenn wir alle Lebensbereiche so ausbalancieren, daß sie unser Lebensziel fördern. Wir werden die manchmal kaum genutzte, aber mächtige Vorstellungskraft unter die Lupe nehmen. Sie werden sehen, wie Ihr Vorstellungsvermögen Ihnen entweder dienen, oder aber Ihnen das Leben schwermachen kann. Die schwierigste Herausforderung im Leben besteht wohl darin, die Dinge loszulassen, die zu Leid und Schmerzen führen. Es liegt in unserer eigenen Verantwortung, die Macht unseres Verstandes dazu zu nutzen, jene emotionalen Resultate zu erzeugen, die wir uns wünschen. Kapitel Sieben enthüllt, wie Sie Ihre spirituellen Bestrebungen mit Ihrer physischen Realität in Einklang bringen können, damit Sie Ihr Lebensziel dauerhaft und in jedem Moment erfüllen können.

Unser Verstand formt Urteile, also subjektive Einschätzungen, die unsere Sicht der Welt beeinflussen. Häufig formen wir unsere Urteile anhand von Kategorien, denn damit können wir die Realität ganz schnell verstehen. In Kapitel Acht werden Sie entdecken, wie diese Vorgehensweise Ihre zukünftigen Erfahrungen unbewußt festlegen.

Teil Drei zeigt, wie wir die Überzeugungen integrieren können, die uns die größte Freude und Erfüllung bringen. Nachdem unser Überleben gesichert ist, gehören Geld, Beziehungen und Gesundheit zu den wichtigsten Lebensbereichen. Damit wir unser Lebensziel in all diesen Bereichen erfüllen können, müssen wir verstehen, welche Überzeugungen uns am besten dienen und welche uns das Leben schwermachen. Wir können zahllose Probleme vermeiden, wenn wir zu Experten auf dem Gebiet unseres eigenen Lebens werden. Der Schlüssel zu unserer Kreativität liegt darin, daß wir unser Lebensziel, unsere Vollkommenheit sowie die Tatsache, daß wir unser eigener Experte sind, anerkennen. Unser Leben wandelt sich auf eine Art und Weise, die andere für ein Wunder oder für reines Glück halten werden. Wenn wir das, was wir uns wünschen, ganz unerwartet erleben, glauben wir selber meist auch, daß wir einfach Glück gehabt haben. Aber erfreulicherweise sind wir von diesem Glück nicht abhängig. Ich bin mir sicher, nachdem Sie dieses Buch gelesen haben, verfügen auch Sie über das Bewußtsein, mit dem Sie die *Essenz* all dessen kreieren können, was Sie sich für Ihr tägliches Leben wünschen. Es ist nun an

der Zeit, Ihr Lebensziel zu erfüllen und sowohl im eigenen Leben als auch im Leben der Menschen, mit denen
Sie zu tun haben, Veränderungen vorzunehmen.

Ihre Überzeugungen sind jene Magie, die Illusionen
wirklich werden lassen kann!

Teil eins

Ein Blick hinter den Vorhang

Kapitel eins

Wie Überzeugungen Erfahrungen beeinflussen

Etwas zu entdecken, heißt zu wissen, was man vermeintlich noch nicht wußte.

Wenn wir die *Essenz* unserer Herzenswünsche wahrhaft erfahren wollen, so müssen wir uns im Kontext unserer gegenwärtigen Überzeugungstruktur verstehen lernen. Denn alle Erfahrungen, die wir machen, werden von unseren Überzeugungen festgelegt. Letztlich dient jede religiöse, politische, kulturelle, ethnische, wissenschaftliche oder gesellschaftliche Überzeugung dazu, unsere Erfahrung oder unseren Zustand zu vervollkommnen, aber nicht alle sind eine Bereicherung für uns. Oft lassen Überzeugungen immer wieder alte Verhaltensmuster wiederholen, die schmerzhafte oder leidvolle Konsequenzen haben. Die Herausforderung besteht also darin, herauszufinden, welche Überzeugungen uns Erfüllung schenken und welche dazu führen, daß wir uns unwohl fühlen. Es gibt viele Vorgehensweisen, Methoden und Techniken mit denen man sein Leben verbessern kann. Viele sind jedoch ziemlich langwierig oder stellen einen kostspieligen Umweg dar, wenn man eigentlich nur verstehen möchte, wie man die *Essenz* dessen kreiert, was man will.

Für die meisten Menschen besteht die wesentliche Herausforderung darin, wie sie am besten jene Überzeugungen aufdecken, die ihr Unwohlsein verursachen. Dabei handelt es sich um einen erstaunlich einfachen Prozeß – aber oft übersieht man ja das Offensichtliche. Sogar professionellen Therapeuten entgeht manchmal die Möglichkeit der Selbstermächtigung[*], vielleicht auch, weil sie ihre Überzeugungen im eigenen Alltag kaum überprüfen und gegebenenfalls ganz eigene und neue Überzeugungen formen.

Wir alle tragen die Verantwortung, uns jene Überzeugungen zu eigen zu machen, die uns helfen, das zu bekommen, was wir wollen. Der einzige Gradmesser, an dem wir den Erfolg unserer Überzeugungen messen können, sind die Erfahrungen, die wir machen. Leider konzentrieren viele Menschen sich jedoch darauf, *wie* sie das bekommen können, was sie wollen, und weniger darauf, *was* genau sie wollen. Wenn wir uns vorwiegend auf Prozesse und Vorgänge konzentrieren, also auf das Wie, dann nehmen wir uns die Chance, einfach nur die Schönheit unserer Absichten zu genießen.

---

[*] Der englische Begriff *selfempowerment*, der hier und in der Folge mit Selbstermächtigung übersetzt wurde, beinhaltet nicht nur, daß man sich selbst ermächtigt, der zu sein, der man ist, und zu tun, was man tun will, sondern auch, daß man die dazu benötigte Kraft hat.

Der Schaffensprozeß ist nichts anderes als ein Produkt unseres Vorstellungsvermögens. Unsere Vorstellungskraft macht das Leben lebendig. Dies geschieht entweder in Form von Erinnerungen oder von Zukunftsprojektionen. Beide Vorstellungen können jedoch nur im gegenwärtigen Moment existieren, im *Jetzt*. Den meisten von uns ist dabei jedoch nicht klar, daß nur eine Vorstellung unser Erleben bestimmt, ganz egal, in welchen Umständen oder in welcher Situation wir uns befinden, und zwar die Vorstellung, was gerade mit uns geschieht. Reflektiert unsere Vorstellung eine furchtsame Sicht der Situation, dann werden wir sie anders erleben, als würden wir sie aus einem angenehmen oder fröhlichen Blickwinkel betrachten.

1.1 Woher Überzeugungen stammen

Überzeugungen sind die Schlüsse, die wir aus den Tatsachen ziehen, die wir für wahr halten.

Ich habe entdeckt, daß unser Vorstellungsvermögen eine Quelle der Wirklichkeit ist. Eine weitere Quelle unserer Realität sind jene Überzeugungen, mit denen wir programmiert wurden, als wir uns irgendwann einmal gefürchtet haben. Mit anderen Worten: Wenn wir das Gefühl haben, unser Überleben stehe auf dem Spiel, wenn wir stark leiden oder große Schmerzen haben, sind wir am stärksten für die Programmierung unserer Überzeugungen empfänglich. Meistens sind wir während der Kindheit am verletzlichsten. Der Großteil unserer dauerhaften Überzeugungen wurde uns während unserer Kindheit einprogrammiert. Aber auch als Erwachsene wurden wir noch von unseren Ängsten programmiert. Bisweilen ändern wir, wenn wir älter werden, aus der Kindheit stammende Überzeugungen, weil wir meinen, es zu sollen oder zu müssen.

Wie dem auch sei, wir ändern im Laufe unseres gesamten Lebens immer wieder unsere Überzeugungen. Oft ist uns das nicht einmal bewußt. Der Einfluß äußerer Reize programmiert uns andauernd neu: Ausbildungen, Kirchenbesuche, Familienmitglieder, gesellschaftliche Gruppen, Berater, Freunde, Kollegen, das Fernsehen, Filme, Bücher, Zeitschriften, Zeitungen und Musik. All diese Einflüsse spiegeln und beeinflussen unsere kulturellen Wertvorstellungen. Dabei ist uns meist nicht bewußt, daß wir uns anhand der veränderten Überzeugungen emotional weiterentwickeln oder aber von ihnen beeinträchtigt werden können. Wegen der ständigen äußeren Reize und einem Mangel an Bewußtheit ist es häufig schwierig, festzustellen, welche Überzeugungen und Werte uns helfen und welche nicht.

1.2 Kulturelle Werte

Ein kulturelles Kollektiv absorbiert die individuelle Identität in einem kollektiven Verhaltensmuster und engt damit die Einzigartigkeit des Kollektivs und des Individuums ein.

Einige Menschen glauben, erreichen zu können, was sie wollen, indem sie sich den Verhaltensmustern einer Kultur anpassen. Die Logik dahinter lautet ungefähr: „Wenn

ich das Richtige tue, die richtigen Dinge sage und mich
richtig verhalte, wird es mir gut gehen." Dahingegen
entdecken die Pioniere der eigenen Seele eine Lebensqualität und einen Lebenszweck, der weit über die Resultate eines Verhaltens, konform der gesellschaftlichen
Norm, hinausgeht. Es geht hier nicht darum, die Einstel-
lungen oder Überzeugungen einer Gegenkultur anzunehmen, sondern darum, unsere eigenen Lebensziele zu verstehen und sie zu erfüllen.

Kulturelle Werte und Traditionen sind lediglich Überzeugungen mit dem Zweck, Ordnung und Konformität (in
der Gesellschaft) herzustellen. Wenn wir diese Überzeugungen übernehmen, fühlen wir uns meistens sicher. Es
gibt allerdings viele Beispiele kultureller Werte und Traditionen, die für manche Bürger weniger Sicherheit und
Schutz bedeuten. So waren und sind Frauen auch heute
noch weltweit Opfer von Mißbrauch, Folter, Gefangen-
schaft, Sklaverei und Verstümmelung und zwar im Na-
men irgendeiner Tradition oder eines kulturellen Wertes.
Auch andere Rassen oder Religionen sind dieser Proble-
matik ausgesetzt. So entstammen die meisten religiösen
und politischen Kämpfe der Überzeugung, der Gegner
verdiene eine weniger menschliche Behandlung als man
selber. Im Verlauf der Menschheitsgeschichte wurden
bestimmte gesellschaftliche Gruppen immer wieder von
der eigenen Regierung ausgenutzt und mißbraucht.

In den meisten Gesellschaften werden beispielsweise
die Werte der Familie hochgehalten. Was aber sind diese
Familienwerte? In manchen Fällen beruhen diese Werte
darauf, daß die Familie auf Kosten einiger Familienmitglieder zusammengehalten wird, die emotional oder körperlich mißbraucht werden. Wollen Sie einen Zustand
unterstützen, in dem Mißhandlung, Gewalt und Drohun-

gen an der Tagesordnung sind? Natürlich nicht! Wenn es zum Sinn Ihres Lebens gehört, mit anderen in Harmonie zu leben, dann ist Ihnen sicherlich bewußt, daß dies nicht zu Familienwerten, wie den oben erwähnten, paßt. Würden Sie weiter in einer mißbräuchlichen Beziehung leben wollen, oder lieber Ihre Überzeugungen, die Familienwerte betreffend, loslassen und so harmonische Lebensumstände mit anderen Menschen zu schaffen? Tatsache ist, daß unsere Lebensqualität in vielen Bereichen von kulturellen Werten oder auch Familienwerten beeinträchtigt wird. Solange wir nicht auf dem Grund unserer Seele nach der *Essenz* unserer Herzenswünsche geforscht haben, können wir keine Überzeugungen annehmen, die uns selber oder anderen dienen.

1.3 Persönliche Werte

Wenn etwas Sie ändert, sollten Sie das selber sein.

Auf der persönlichen Ebene ist unsere Essenz immer im Einklang mit unserem Wohlsein und dem anderer Menschen. Aus diesem Grund ist es außerordentlich wichtig, den Sinn unseres Lebens zu kennen und sich dafür zu engagieren. Überzeugungen, die der eigenen *Essenz* oder unserem Lebensziel entspringen, sind immer besser als die Überzeugungen von Gruppen, Organisationen, Religionen, Regierungen oder sogar von unserer eigenen Familie. Grausamkeit ist fast immer die Folge eines Mißverständnisses hinsichtlich des wahren Sinns unseres Lebens und beruht auf kranken Überzeugungen über Kontrolle und Macht.

Ich habe noch nie jemanden kennengelernt, den es erfüllt hätte, sich selber oder jemand anderen zu mißbrauchen. Wenn Sie glauben, daß Kontrolle und Macht Sie glücklich macht, sind Sie solange unglücklich, wie Sie davon überzeugt sind weder Kontrolle noch Macht zu haben. Sogar diejenigen, die bei dem Versuch, mehr Macht zu erlangen, andere mißbrauchen, können dieses Machtgefühl selten aufrechterhalten. Daher brauchen sie immer wieder neue Opfer, um ihrem Kontrollbedürfnis gerecht zu werden. Vielleicht liegt das Geheimnis, Macht und Kontrolle zu erlangen, in der Überzeugung, man hätte beides bereits. Was für ein Gefühl wäre es, Macht und Kontrolle zu haben? Würden Sie sich sicher, frei, zufrieden und wohl fühlen und sich respektiert wissen? Wenn Sie bereits wissen, was für ein Gefühl das ist, wozu brauchen Sie dann noch Macht und Kontrolle?

Unsere Überzeugungen, wie wir glücklich werden, führen nicht unbedingt zu diesem Glück. Wir müssen uns also darüber im klaren sein, daß nicht nur unsere eigenen, sondern auch einige gesellschaftliche Überzeugungen unser Lebensziel untergraben können. Wir können nur feststellen, welche Werte und Überzeugungen wertvoll sind, wenn wir unsere emotionale Erfüllung und unsere Gesundheit beobachten. Wenn wir Gefühle erleben, die wir eigentlich gar nicht erfahren wollen, dann ist das ein Indiz, daß wir Überzeugungen hegen, die unserem Lebensziel nicht dienlich sind.

1.4 Trügerische Überzeugungen

*Die Wirklichkeit ist lediglich eine Wahrnehmung,
die von Wissen begrenzt wird, also davon, was man
für wahr hält.*

Es fällt uns manchmal deshalb nicht leicht, die eigenen
Überzeugungen zu erkennen und zu verstehen, weil wir,
wenn wir erst einmal von etwas überzeugt sind, immer
Beweise finden, die diese Überzeugungen untermauern.
Es ist uns gewissermaßen unmöglich, zu glauben, daß
unsere Überzeugungen uns nicht helfen, sondern behindern. Somit werden unsere Überzeugungen zu selbster-
füllenden Prophezeiungen. Erst wenn wir uns bedroht
fühlen, öffnen wir uns für die Möglichkeit, unsere Überzeugungen zu ändern. Meist muß die Drohung sogar äußerst schmerzhaft oder gar tödlich sein, bevor wir bereit
sind, alternative Überzeugungen in Erwägung zu ziehen.

Wir verschreiben uns unseren Überzeugungen, als
handele es sich um Versicherungspolicen. Die unter-
schiedlichsten Organisationen, Institutionen, gesellschaftlichen Klubs oder Religionen wollen uns ihre jeweilige
Versicherungspolice verkaufen. Zu diesem Zweck geben
sie vor, sie könnten verhindern, was wir nicht wollen:
Schmerzen, Leiden und Tod. Die Werbung schürt diese
Befürchtungen schon sehr lange, um uns zum Kauf be-
stimmter Produkte zu überreden. Zum Glück sind wir in
der Lage, unsere Überzeugungen auch unter bedrohlichen
Umständen unter die Lupe zu nehmen.

Persönliches Verantwortungsgefühl ist der Schlüssel,
wenn man seine Überzeugungen ändern will. Wir waren
schon immer und werden allezeit dafür verantwortlich

sein, wovon wir uns überzeugen lassen und wie diese
Überzeugungen unser Leben beeinflussen. Wir tragen
auch Verantwortung dafür, den Sinn unseres Lebens zu
erkennen. Wir sind außerdem verantwortlich dafür, die
Hindernisse zu erkennen, die uns davon abhalten, unser
Lebensziel zu erfüllen. Es ist unsere Pflicht, uns jene
Überzeugungen zuzulegen, die uns bei der Erfüllung
unterstützen.

1.5 Vermeidungsstrategien

*Manchmal ist unser Verständnis eine
Einbahnstraße.*

Vermeidungsstrategien geben sich manchmal als Überzeugungen aus, die festlegen, was wir nicht wollen. Diese
Überzeugungen lassen sich allerdings meistens ganz
leicht an folgenden Äußerungen erkennen: „Ich möchte
nicht ... Ich kann nicht ... Ich würde lieber nicht ... Ich
sollte ... Ich bin verpflichtet ... Es wäre besser, wenn
ich ..." Solche Sätze zeigen uns, daß wir uns auf eine
Vermeidungsstrategie eingelassen haben. Das ist immer
dann der Fall, wenn wir uns nicht daran orientieren, was
wir eigentlich kreieren wollen, sondern wenn wir uns
statt dessen mit ungewünschten Dingen und den daraus
resultierenden Konsequenzen befassen.

Aber auch andere Sätze signalisieren, daß gerade an
einer Vermeidungsstrategie gebastelt wird, und zwar
solche Aussagen, in denen das Subjekt beschreibt, was es
nicht will. So sagen manche Menschen zum Beispiel:
„Ich will keinen Streß haben." Der Grund, weshalb sie

nicht streßfrei leben, liegt darin, daß sie sich auf den Streß konzentrieren, den sie ja eigentlich nicht empfinden wollen. Würden solche Menschen hingegen sagen, was sie wirklich wollen, könnte das in etwa so klingen: „Ich lebe ein entspanntes und ruhiges Leben." Diese Aussage drückt den eigentlichen Wunsch aus.

Wer mit Übergewicht zu kämpfen hat, orientiert sich beispielsweise meist an seinem zu hohen Gewicht und nicht daran, wie er sich fühlt, wenn er sich selber und seinen Körper akzeptiert. Statt in den Spiegel zu schauen und sich dauernd zu sagen: „Ich bin (zu) dick", sollte man sich lieber daran orientieren, was man wirklich will und sagen: „Ich gefalle mir." Ich habe selten Menschen getroffen, die absichtlich und erfolgreich abgenommen haben, ohne daß sie sich auf ihren Wunsch, dünner oder gesünder zu sein, konzentrierten. Unsere Überzeugungen legen fest, wie wir unser Leben erleben. Wenn wir uns für dick halten, dann erleben wir auch unser Leben so, unabhängig von unserem Gewicht: Als dicker Mensch. Finden wir uns hingegen attraktiv, dann finden wir auch unser Leben angenehm.

Eine Frau wollte aufhören zu rauchen und meinte, daß ihr das sicherlich sehr schwerfallen würde. Sie mußte sich außerdem dauernd gegen die Bitte ihrer Familie wehren, doch endlich aufzuhören und ärgerte sich darüber. Sie war davon überzeugt, daß es einfach zu schwierig sein würde und außerdem mochte sie es nicht, wenn man ihr vorschrieb, was sie zu tun hätte. Sie wollte aus gesundheitlichen Gründen aufhören. Ich fragte sie: „Wer ist eigentlich letztlich für Ihre Gesundheit verantwortlich?" Sie gab zu, daß sie selber die Verantwortung trug. „Wann also werden Sie die Verantwortung für Ihre Gesundheit übernehmen?" fragte ich. Ihr wurde sofort klar, daß die Konzentration seit vielen Jahren ihrer schlechten Gewohnheit und der Reaktion ihrer Familie galt, und nicht ihrer Gesundheit. Sie hatte sich auf das konzentriert, was sie nicht wollte, und nicht auf ihre Gesundheit.

Wenn wir uns nach außen richten und unser Glück von anderen oder materiellen Dingen oder Umständen abhängig machen, dann entziehen wir uns unserer persönlichen Verantwortung und Selbständigkeit. Hier ein paar Beispiele für Aussagen, die sich entweder daran orientieren, was wir nicht wollen oder die uns den Blick für die Erkenntnis verstellen, daß das, was wir wollen, möglicherweise bereits existiert. Die Aussagen in der linken Spalte sind nur äußerst selten hilfreich:

Nach außen gerichtet	**Eigenverantwortlich**
„Ich will meine Schulden loswerden."	„Ich schaffe mir finanzielle Freiheit."
„Ich will ungesunde Beziehungen meiden."	„Ich schaffe Freude und Harmonie in meinem Leben."
„Ich will jemanden, der mich liebt."	„Ich bin ein liebender und vielgeliebter Mensch."
„Ich will hier weg."	„Ich ziehe nach ..."
„Ich will einen 'guten' Job."	„Ich erfülle den Sinn meines Lebens."
„Ich will reich sein."	„Ich bereichere das Leben anderer, wo immer ich bin."
„Ich will, daß man mich respektiert."	„Ich liebe und respektiere mich selbst."
„Ich will anerkannt werden."	„Ich liebe bedingungslos."

Manche Leute meinen vielleicht, es handele sich hier um Semantik, aber Tatsache ist, daß wir uns leicht auf Dinge richten, die wir gar nicht wollen, wenn wir uns nicht darüber im klaren sind, was wir sagen. Solange wir uns auf das konzentrieren, was wir nicht wollen, können wir nicht das kreieren, was wir eigentlich wollen, weil wir unseren Geist nicht mit Bildern der gewünschten Situation füllen. Ohne klare Sicht auf das, was wir wollen, können wir unmöglich den Gefühlszustand herbeiführen, der es uns ermöglicht, unseren Erfolg kennenzulernen.

Wenn Menschen Affirmationen aussprechen oder beten, visualisieren oder meditieren, lassen sie diese Tatsache oft außer acht. Sie konzentrieren sich so sehr auf die Manifestation der vermeintlich gewünschten Dinge oder Situationen in der physischen und materiellen Welt, daß sie nicht auf die Gefühle achten, die sie erleben möchten. **Aber solange wir den Gefühlszustand nicht empfinden, den wir letztlich erreichen wollen, können sich unsere Ziel oder Wünsche nicht manifestieren**.

Der wahre Visionär erlebt die Realität und sieht nicht nur eine Vision.

Kapitel zwei

Den Sinn des Lebens entdecken

Ihre Seele strebt danach, den Sinn Ihres Lebens zu erfüllen.

In meinem Buch *The Essence of Living* präsentiere ich eine Matrix, die unsere Außenwelt (Beziehungen, Umwelt und Beruf) mit unserer Innenwelt (Gedanken, Gefühle und Gesundheit) verbindet. Mit Hilfe einfacher Richtlinien, die es vermeiden, den Materialismus, tastbare Ereignisse oder physische Handlungen hervorzuheben, können die Leserinnen und Leser die *Essenz* dessen definieren, was sie wollen. *Essenz* beschreibt den Zustand, in dem Sie alles haben, was Sie sich nur wünschen können. So notierten die Leserinnen und Leser, die das Arbeitsblatt ausgefüllt haben, beispielsweise den erwünschten Zustand und die dazugehörigen Gefühle. Auf der nun folgenden Liste finden Sie einige ihrer Antworten. In gewissem Sinne beinhaltet die *Essenz* dessen, was wir wollen, das gleiche wie die Erfüllung unseres Lebensziels. Hier nun also eine willkürliche Auswahl der Worte, die einige Leute verwendeten, um Ihre *Essenz*, beziehungsweise ihr Lebensziel zu beschreiben:

Frei ● Freude ● Glücklich ● Verbundenheit ● Lebendig
Harmonie ● Liebevoll ● Kraftvoll ● Begeisterung
Fließen ● Friedfertig ● Inspiriert ● Erfüllung
Befriedigend ● Warm ● Angenehm ● Entspannung
Ruhig ● Nährend ● Stark ● Vital ● Klar ● Stimulierend
Ausgeglichen ● Flexibel ● Offen ● Ganz ● Vollkommen
Spaß ● Kreativ ● Künstlerisch ● Ausdrucksstark ● Schön
Zuversichtlich ● Fähig ● Spontan ● Aufregend ● Teilen
Vertrauensvoll ● Erfinderisch ● Unabhängig
Anteilnahme ● Freigebig ● Ausdauernd ● Konzentriert
Alert ● Wach ● Einheit ● Licht ● Fließend ● Gesellig
Spielerisch ● Strahlend ● Einklang ● Jubel ● Belebend
Erfrischt ● Hochschätzung ● Interaktiv ● Abenteuerlich
Widerstandsfähig ● Leidenschaftlich ● Entzückt
Ermächtigt ● Integriert ● Effektiv ● Bewußt ● Erhebend
Besonnen ● Beruhigend ● Glatt ● Euphorisch

Nachdem Sie diese Liste gelesen haben, könnten Sie eines oder alle obigen Worte zur Beschreibung Ihres Lebenszieles verwenden. Vielleicht möchten Sie der Liste auch eigene Worte hinzufügen. In jedem Moment unseres Lebens haben wir entweder das Gefühl, im Einklang mit unserem Lebensziel zu sein oder aber nicht. Wenn wir das Gefühl haben, nicht im Einklang damit zu sein, dann meistens deshalb, weil wir eine Überzeugung hegen, die uns die Welt so sehen, verstehen und interpretieren läßt, als sei sie nicht mit unserem Lebensziel oder unserer *Essenz* im Einklang.

Obwohl der Gedanke, für ein Leben voller Freude, Freiheit und Vertrauen eine Überzeugung fallenzulassen, einigen Lesern bedrohlich erscheinen mag, so könnte der umgekehrte Entschluß, nämlich eine Überzeugung beizubehalten, ein Leben voller Ängste zur Folge haben. Es ist eigentlich erstaunlich, wie viel Kraft wir darauf verwenden, uns schlecht zu fühlen, ja manche Menschen kämpfen sogar bis zum Tode für dieses „Vorrecht". Und nur wenige wollen ihre Energie darauf konzentrieren, glücklich zu sein. Entschließen wir uns, dem Sinn unseres Lebens gemäß zu leben, werden wir mit Freude leben und sterben. Welchen größeren Sinn könnte ein Leben haben?

Wenn wir uns an unserem Lebensziel orientieren, untermauern wir damit unsere Integrität. Und wenn wir ein integeres Leben führen, entziehen wir uns jenen Anfechtungen und Schwierigkeiten, die uns in ein auf Befürchtungen basierendes Glaubenssystem zurückversetzen könnten. Wir konzentrieren uns auf den Sinn unseres Lebens, koste es was es wolle, auch wenn wir dafür mit unserem Leben zahlen müßten. Würden wir letztlich nicht am liebsten erst dann sterben, wenn wir den Sinn unseres Lebens erfüllt haben?

Bei einem Leben mit Sinn geht es nicht darum, sich auf den Tod zu konzentrieren, sondern darum, die Freude und die Schönheit des Lebens zu feiern. Wenn Sie allerdings davon überzeugt sind, daß das Leben schwer ist, sehen Sie auch keine Möglichkeit, ein friedvolles und ruhiges Leben zu führen. Sie werden ständig Beweise dafür finden, daß das Leben ein Kampf ist. Ihre Überzeugungen geben Ihnen immer Recht!

Das wirft die Frage auf: „Ist es möglich, Schmerz, Leid, Mißbrauch und den Tod wahrzunehmen und dennoch das Leben zu kreieren, das man will?" Wenn Ihre Antwort „Nein" lautet, dann haben Sie recht. Antworten Sie hingegen mit „Ja", dann haben Sie auch recht. Im Leben geht es nicht darum, unsere Wahrnehmungen und Empfindungen mit dem Etikett richtig oder falsch zu versehen. Aus der eigenen Warte sind unsere Überzeugungen immer richtig. Doch obwohl wir unsere Überzeugungen für richtig halten, sind wir dennoch nicht zufrieden und empfinden weder Befriedigung noch Erfüllung. Das zeigt, daß Überzeugungen nicht dazu da sind, uns recht zu geben, sondern uns bei der Erfüllung unseres Lebensziels zu helfen. Erfüllt eine Überzeugung diesen Zweck nicht, dann sind wir ermächtigt, sie durch eine andere zu ersetzen, die besser zu unserem Lebensziel beziehungsweise zu unserer *Essenz* paßt. Die meisten Menschen projizieren ihre Befürchtungen jedoch nach außen und fragen: „Was ist aber, wenn ...?" Oder sie grübeln: „Wie ist es mit ...?" Und nicht zuletzt: „Ja, aber ...!" Wenn wir uns auf unsere Befürchtungen konzentrieren, können wir uns nicht zugleich auf den Sinn unseres Lebens konzentrieren und umgekehrt.

Das Schöne an der menschlichen Erfahrung ist doch, daß wir alle ein gemeinsames Lebensziel und eine gemeinsame *Essenz* haben. Die Reaktionen auf mein Buch *The Essence of Living* und meine Erfahrungen während meiner Reisen und Aufenthalte auf der ganzen Welt haben mich von dieser Tatsache überzeugt. Konflikte entstammen vor allem jenen Überzeugungen, die sich damit befassen, *wie* man sein Lebensziel erfüllen kann. Anhand der vielen andauernden Konflikte, die ich gesehen habe, kann ich nur schlußfolgern, daß viele dieser Überzeugungen ihren Zweck offensichtlich nicht erfüllen.

An dieser Stelle müssen wir uns erneut mit unseren Überzeugungen, Vorstellungen und Befürchtungen befassen und herausfinden, ob wir emotional und spirituell echte Erfüllung verspüren. Denn die Gedanken, die jeder von uns im Rahmen seiner Überzeugungen hegt, ermöglichen uns auch, Liebe, Harmonie, Frieden und Freude zu erleben. Wir sind selber für die eigentlich ausrangierten

Überzeugungen verantwortlich, die nur zu Befürchtungen, Unsicherheiten, Traurigkeit, Depressionen, Kummer, Schuld, Demütigung, Frustration und Wut führen.
Immer, wenn wir anderen oder irgendeinem Umstand die
Schuld an unserer Unzufriedenheit zuschieben, sprechen
wir uns die Fähigkeit ab, die *Essenz* dessen zu erschaffen,
was wir eigentlich kreieren wollen. Diejenigen, die viel
Energie in ihre gegenwärtigen Überzeugungen investiert
haben, werden Gründe dafür finden, ihren gegenwärtigen
Zustand, die Umstände und ihre Gefühlslage zu rechtfertigen, auch dann noch, wenn sie unglücklich sind.

2.1 Bolens Fortbewegungsgesetz

*Ein Wunsch wird nur dann wahr, wenn er zuerst
eine Realität ist.*

Überzeugungen unterliegen dem, was ich *Bolens Fortbewegungsgesetz* nenne. Dieses einfache Gesetz besagt, daß
wir uns immer in die von unseren Überzeugungen vorge-
gebene Richtung durchs Leben bewegen. Egal, wovon
wir überzeugt sind, es bestimmt unsere Lebenserfahrung.
Manche Leute versuchen dieses Gesetz und seine Prinzi-
pien auf andere anzuwenden. Aber leider läßt dieses Gesetz sich lediglich auf einen selber und auf die eigenen
Überzeugungen anwenden.

Anders ausgedrückt, man kann nicht seine Überzeugungen über andere Menschen ändern und dann erwarten,
daß diese sich daraufhin auch ändern. Sie können allerdings die Überzeugung hegen, daß der oder die andere
die Eigenschaften besitzt, die Ihnen zusagen. In diesem

Fall werden Sie den Menschen wahrscheinlich in einem anderen Licht sehen – verständnisvoll und klar, aber ohne besondere Erwartungen. Infolge der Tatsache, daß Sie nun die von Ihnen favorisierten Eigenschaften im anderen erkennen, werden Sie sich ihm oder ihr gegenüber möglicherweise anders verhalten. Durch diese veränderte Einstellung werden sie den oder die andere nun auch anders erleben.

Es gehört nicht zu *Bolens Fortbewegungsgesetz*, faktische und physische Beweise zu leugnen, denn es steht ja im Kontext unserer Überzeugungen und Spiritualität. Anders gesagt: Wir können unsere physische Wirklichkeit nicht unmittelbar ändern, sondern lediglich die Art und Weise, wie wir darauf reagieren. Wenn ich beispielsweise die ersten Symptome einer Erkältung spüre, kann ich immer noch zu meiner Überzeugung stehen, gesund zu sein. Diese Überzeugung ändert allerdings nichts an der Tatsache, daß mir der Hals weh tut. Doch meine Überzeugung, gesund zu sein, stärkt möglicherweise mein Immunsystem und fördert den Genesungsprozeß. Da ich meinem Immunsystem vertraue, fühle ich mich sicher, bin entspannt und genieße meinen Zustand. Ich hege keinerlei Erwartungen hinsichtlich der Geschwindigkeit meiner Gesundung. Indem ich mein emotionales und spirituelles Wohlsein instand halte, bleibe ich im Einklang mit meinem Lebensziel.

Der Gedanke, man könne ohne Erwartungen an die physische Form leben und nicht an ihr haften, kommt einigen Menschen ziemlich abstrakt vor. Das liegt vielleicht daran, daß sie davon überzeugt sind, die physische Welt bestimme ihre Wirklichkeit. Wenn wir jedoch ohne Erwartungen leben, können wir uns bedeutend besser darauf konzentrieren, den Sinn unseres Lebens zu erfüllen. So war beispielsweise der eigentliche Sinn dieses Buches, daß ich die Freude erleben wollte, meine Wahrnehmung und mein Wissen mitzuteilen. In diesem Moment, während ich dieses Buch schreibe, erfülle ich also den Sinn meines Lebens. *Bolens Fortbewegungsgesetz* wirkt auch, wenn ich andere Gelegenheiten nutze, diese Information mitzuteilen und beispielsweise Vorträge halte, Seminare leite und Beziehungen pflege – dies alles läßt meine Freude dauerhaft sein.

Ich weiß, daß meine Gedanken Macht haben. Ich kann eine glaubwürdige Wirklichkeit erschaffen, die zu Gefühlen führt, die mit dem Sinn meines Lebens im Einklang stehen. Ist dies alles Traumtänzerei oder Wirklichkeit? Sind meine Gefühle Illusionen oder sind sie real? Ich empfinde weder Streß noch Furcht. Ist das ein Wunschbild oder Realität? Ist mein Leben vollkommen oder eine Einbildung? Ich denke, das hängt davon ab, wie Sie diese Frage beantworten.

Der Sinn Ihres Lebens wird Sie erfreuen und Sie nähren.

Kapitel drei

Ist Ihr Leben vollkommen?

3.1 Ein vollkommenes Leben führen

Sie werden nie wissen, was Sie alles wissen, bis Sie wissen, daß Sie alles wissen.

Wie würden Sie antworten, wenn man Sie fragt: „Ist Ihr Leben vollkommen?" Würden Sie sagen: „Es gibt nichts Vollkommenes", oder: „Es ist fast vollkommen", oder: „Nein, mein Leben ist nicht vollkommen"? Würden Sie es wagen, zu antworten: „Mein Leben ist absolut vollkommen"? Die meisten Menschen glauben nicht, daß ihr Leben vollkommen ist. Die meisten wissen nicht einmal, welche Bedeutung Vollkommenheit für sie hat.

Ich möchte Sie nun bitten, darüber nachzudenken, was *Vollkommenheit* für Sie bedeutet. Wenn Ihr Leben vollkommen wäre, was würde Ihrer Meinung nach dazugehören und was wäre anders als jetzt? Wenn Sie mehr Geld hätten, eine größere Wohnung, eine bessere Beziehung, einen besseren Job und wenn Sie gesünder wären, wäre Ihr Leben dann vollkommen? Interessanterweise ist dies der Wunsch der meisten Menschen. Sie streben danach, ihre Ziele zu verwirklichen, aber wenn sie Erfolg hatten, haben sie trotzdem noch nicht das Gefühl, ihr Leben sei vollkommen. Wie ist das möglich?

Ich habe die Erfahrung gemacht, daß Menschen, die Vollkommenheit auf materielle, tastbare oder andere materielle Dinge oder Situationen beziehen, davon überzeugt sind, daß ihnen ein emotional oder spirituell vollkommenes Leben schrecklich langweilig erscheinen würde, daß sie nicht glücklich wären oder gar sterben müßten. Ich habe mir oft die Frage gestellt, wie man sich mit einem emotional erfüllten Leben langweilen oder darüber unglücklich sein könnte. Dabei ist mir aufgefallen, daß diesem Gedankengang die Überzeugung zugrunde liegt, das Leben hätte lediglich dann einen Sinn, wenn man um Dinge kämpfen muß. Manche Menschen sind davon überzeugt, das Leben hätte nur einen Wert, wenn man Herausforderungen meistert und Versuchungen und Schwierigkeiten überwindet. Mit solch einem Glaubenssystem schafft man natürlich andauernd Anforderungen, egal wieviel Geld man letztlich hat. Vielleicht erklärt das auch, weshalb so viele Menschen in unserer Überflußgesellschaft unglücklich sind. Sie hegen die Überzeugung, der Sinn des Lebens bestünde darin, zu kämpfen, denn nur durch Widerstand wachse und lerne man.

Vielleicht hegt auch der eine oder andere Leser die Überzeugung, persönliches Wachstum sei unbedingt notwendig. Aber überlegen wir doch mal, weshalb Menschen so viel Energie in ihr Wachstum investieren. Was ist die *Essenz* hinter dem Wunsch, persönlich zu wachsen? Die meisten Menschen möchten einfach konstruktiv handeln und ein entspanntes, friedliches, freies und glückliches Leben führen. Wenn das aber die *Essenz* dessen ist, was wir vom Leben wollen, ist es dann nicht der Sinn des Lebens, eben diese Gefühle zu empfinden? Was ist der Sinn Ihres Lebens? Denken Sie an den emotionalen Ertrag, den all die Dinge bringen sollen, nach denen Sie in Ihrem Leben streben.

Die meisten Menschen streben danach, ein ganzheitlicher Mensch zu sein, der mit anderen und der Natur verbunden ist. Aus diesem Grund streben wir nach Gemeinschaft mit der Familie, mit Kindern, Freunden, der Gesellschaft, den Tieren und der Natur. Aber ungeachtet der Tatsache, daß wir uns mit anderen Menschen und Dingen umgeben, werden wir nicht immer mit den Gefühlen belohnt, die wir anstreben. Wir sind immer noch frustriert, ungeduldig, ärgerlich und fühlen uns einsam. Und während diese Gefühle unsere Psyche überwältigen, handeln wir so, daß wir anderen und uns selber weh tun. Dennoch war es unsere ursprüngliche Absicht, emotional belohnt und nicht bestraft zu werden.

3.2 Überzeugungen über unser persönliches Bewußtsein

Sie brauchen keine Maske, denn Sie sind in Wirklichkeit wunderschön.

Man kann auf mindestens zwei Arten vorgehen, wenn man lernen möchte, seine Verhaftungen und Erwartungen an das Leben loszulassen. Meistens steuern Menschen ihr Verhalten anhand der Erkenntnis und Überzeugung, das Leben sei schwer, voller Probleme und Leiden. Zweifelsohne finden wir ausreichend Beweise für die Richtigkeit dieser Überzeugung. Dabei geht es vor allem auch darum, unsere traumatischen und schmerzhaften Erfahrungen als normal zu akzeptieren. Wenn wir uns normal fühlen, haben wir die Hoffnung, eines Tages nicht mehr gegen den unvermeidlichen Schmerz im Leben ankämpfen zu müssen. Wir erwarten, daß wir mit weniger Kampf auch weniger Streß erfahren werden. Denn letztlich sollte man sich doch glücklicher fühlen, wenn man den Streß abbaut, oder? Das hängt davon ab, was Sie glauben.

Diese Vorgehensweise hat eine gewisse Logik, wird jedoch gleichzeitig von eben dieser Überzeugung auch untergraben. Denn es ist schlicht nicht möglich, davon überzeugt zu sein, das Leben sei schwer und zugleich ein leichtes Leben zu führen. Es ist unmöglich, zu glauben, das Leben sei voller Schmerz, um dann ohne Schmerz zu leben. Mit der Überzeugung, das Leben sei voller Leiden, ist man nämlich getrieben, sich auf jene Beweise zu konzentrieren, die diese Überzeugung untermauern. Wir sorgen immer dafür, daß wir mit unserer Überzeugung recht behalten. Mit einer solchen Überzeugung werden wir daher Streß empfinden und nicht glücklich sein.

Nun wollen wir uns mit einer anderen Vorgehensweise befassen, die davon ausgeht, daß das Leben vollkommen ist, so wie es ist. Diese Überzeugung beinhaltet den Gedanken, daß wir Beweise für die Vollkommenheit des Lebens finden können, ganz egal was geschieht. Das Wissen um die Vollkommenheit des Lebens bestärkt uns in der Überzeugung, daß kein weiteres Urteil nötig ist. Wir betrachten das Leben nicht länger von einem binären Standpunkt aus. Wir lassen die Überzeugung fahren, daß es negative Erlebnisse gibt. Mit anderen Worten: Wir erkennen unsere Gefühle an, aber wir beurteilen sie nicht.

Das wirft die Frage auf, wie Sie lieber vorgehen würden. Gehen Sie davon aus, daß das Leben die *Hölle* ist oder betrachten Sie es als *vollkommen*? Wenn Sie wirklich davon überzeugt sind, das Leben sei vollkommen und daß Sie den Sinn Ihres Lebens erfüllen, dann werden Sie sich nicht „schlecht" fühlen, sondern Sie werden vielmehr einfach fühlen, was Sie fühlen – ohne es zu beurteilen. Bevor Sie aber die obige Frage beantworten, überlegen Sie doch einmal, welche Überzeugung Ihnen mehr Freude bereiten wird; achten Sie bei Ihren Überlegungen jedoch darauf, Ihre Antwort weder von der *Vergangenheit* abhängig zu machen noch von Ihren Projektionen auf die *Zukunft*. Ein ehrliche Antwort erfordert lediglich, daß Sie sich auf den gegenwärtigen Moment konzentrieren und auf nichts anderes.

Sie denken wahrscheinlich: „Nun, im Moment ist alles völlig in Ordnung!" Genau! In jedem Moment ist alles vollkommen. Wenn wir unsere Vorstellungen oder Überzeugungen anzapfen, ohne den Sinn unseres Lebens zu berücksichtigen, urteilen wir, daß das Leben unvollkommen, schwierig und emotional schmerzhaft ist. Das Geheimnis eines glücklichen Lebens besteht darin, vollkommene Momente aneinanderzureihen und so das Leben zu erschaffen, das wir wollen.

Die Leser, die dem Ganzen ein wenig skeptisch gegenüber stehen, könnten sich fragen: „Weshalb glaube ich, daß dies keine praktische Vorgehensweise ist? Woher stammen die Beweise, die dieses Vorgehen abwerten? Nutze ich nur die Erfahrung dieses Moments, oder lasse ich mich von einer äußeren Quelle beeinflussen?"

Als ich einmal an einer Radiosendung mitwirkte, rief ein Mann an. Er sagte, er leide an Krebs und hätte nur noch zwei Monate zu leben. Als ich ihn fragte, wie er das wisse, sagte er, daß zwei Ärzte diese Diagnose unabhängig voneinander gestellt hätten. Ich fragte ihn erneut, wie er wüßte, daß er sterben würde. Schließlich gab er zu, er wisse nicht sicher, daß er sterben würde. Der Anrufer war

so nach außen orientiert, daß er aufgehört hatte, sich selber als Experten seines eigenen Lebens anzuerkennen.
Später räumte er ein, daß er die Lebenserwartung bereits
übertroffen hatte, die seine Ärzte ihm ursprünglich mit-
geteilt hatten. Infolge seiner Überzeugung, daß er dem
Tode geweiht war, hatte er sein Testament gemacht. Dabei war er immer wütender auf bestimmte Familienmitglieder geworden, von denen er das Gefühl hatte, daß sie
ihn nicht unterstützten. Er hatte nun zusätzliche Überzeugungen angenommen, daß nämlich einige Familienmitglieder gemein und schlecht waren. Ihm war nie der Gedanke gekommen, eine Bestandsaufnahme seiner eigenen
Überzeugungen zu machen und wie diese sein Leben
beeinflußten. Ich fragte ihn, was der Unterschied sei zwischen einer tödlichen Krankheit und tödlichem Wohlbefinden. Er hatte bereits so viel Energie in seinen Groll
und seine Krankheit investiert, daß er die Frage ignorierte
und ich nehme an, daß er sich für die tödliche Krankheit
entschieden hat. Starb er glücklich oder betrübt? Ich weiß
es nicht. Doch ich denke, die eigentliche Frage ist, ob er
glücklich oder betrübt *lebte*.

Diejenigen unter uns, die beim Tod eines Menschen
zugegen waren, der ihnen nahegestanden hat, lassen sich
oft zu einer Urteilshaltung hinreißen. Sie hegen bestimmte Überzeugungen darüber, wie lange dieser
Mensch eigentlich hätte leben sollen. Mir ist allerdings
bewußt geworden, daß Menschen uns bei ihrem Tod einen Grund zum Feiern hinterlassen. Wenn wir uns für die
Überzeugung entscheiden, daß Menschen erst dann sterben, wenn sie den Sinn ihres Lebens erfüllt haben, dann
können wir ihren Erfolg feiern. Wie wohl oder unwohl
wir uns beim Tod fühlen, hängt von der Überzeugung ab,
für die wir uns entscheiden. In meinem Buch *The Essence*

of Living habe ich die Philosophie der Energie und das Konzept der Transformation der Energien beschrieben. Von diesem Standpunkt aus betrachten wir den Tod als eine Transformation von Energie und nicht als Ende. Diese Perspektive hilft uns den Tod weder als etwas Gutes noch als etwas Schlechtes zu betrachten.

Im ökologischen Kreislauf des Lebens dienen wir alle einem Ziel, von dem manche meinen, es sei unbegreiflich. Als Menschen übersehen wir manchmal die komplexen Zusammenhänge auf diesem Planeten. In unserer Überheblichkeit meinen wir, wir seien die wichtigsten Wesen auf Erden. Uns ist nicht klar, daß unsere Lebenserfahrungen nicht mehr oder weniger wert sind als die des Planeten als Ganzem. Wir haben uns selbst gegenüber eine Verantwortung, nämlich auf die Art und Weise zu leben, die zum Sinn unseres Lebens paßt. Andere mögen das egoistisch nennen, aber wir sollten uns dessen bewußt sein, daß unser individuelles Lebensziel auch ein Ziel ist, das wir mit anderen Wesen auf unserer Welt teilen. Für die meisten Menschen besteht der Sinn ihres Lebens darin, zufrieden zu sein, inneren Frieden zu haben, liebevoll mit anderen in Verbindung zu sein oder einfach nur, sich großartig zu fühlen!

Was geschieht also während des Prozesses, bei dem wir das erschaffen, was wir vermeintlich wollen? Bei der Beantwortung dieser Frage müssen wir jene Überzeugungen erforschen, die unsere Denkweise unterstützen. Im Falle einer Beziehung könnten wir beispielsweise zunächst die Überzeugung hegen, daß ein Partner uns Erfüllung bringt. Und in dem Augenblick, in dem unsere Erwartungen nicht erfüllt werden, glauben wir sofort, keine Erfüllung mehr zu finden. Während wir uns nun vorstellen, wie schlimm es vielleicht werden wird, fangen

wir an, Beweise für diese Überzeugung zu sammeln. Nun
kann eine neue Überzeugung entstehen, die in etwa besagt: „Diese Beziehung hindert mich daran, glücklich zu
sein." Und wieder finden wir Beweise dafür, daß die
Beziehung uns unglücklich macht. Die zunehmende Be-
weislast, die unsere Überzeugung immer weiter untermauert, führt zu einer Verhaltensänderung. Wir handeln
nicht mehr in der Absicht, Freude mit unserem Partner zu
teilen. Vielmehr ist unser Verhalten von der Überzeugung
bestimmt, daß unsere Beziehung auf dem Spiel steht. Wie
Sie unschwer aus diesem Drehbuch erkennen können,
sind hier widersprüchliche Überzeugungen am Werk. Die
Überzeugungen, die im Laufe der Zeit entstehen, decken
sich offensichtlich nicht mehr mit der ursprünglichen
Absicht, persönliche Erfüllung zu erleben.

Eine vergleichbare Sequenz von Gedanken und Überzeugungen, die unsere Erfüllung untergraben, spult sich
in vielen Bereichen unseres Lebens ab. Damit wir dieses
Muster sich widersprechender Überzeugungen durchbrechen können, müssen wir zunächst verstehen, was während unserer Denkprozesse geschieht. Dieses Verständnis
verhilft uns vielleicht auch zu einer Erklärung dafür,
weshalb unsere Pläne und guten Absichten so oft fehl-
schlagen oder sogar zu großen Schwierigkeiten führen.
Zum Beispiel: Manche Menschen beschließen, ein paar
Drinks zu trinken, um den Streß loszuwerden und sich zu
entspannen. Am nächsten Morgen haben sie dann womöglich einen Kater. Sie gehen nun mit diesem Kater
arbeiten oder melden sich krank. Die Tatsache, daß sie
ihrem Arbeitsstandard nicht gerecht werden können, führt
vielleicht zu der Befürchtung, sie würden nicht befördert,
an einen anderen Arbeitsplatz versetzt oder gar entlassen.
Weil sie sich nun also unsicher fühlen, versuchen sie den

Kater zu kompensieren oder zu verbergen, um das befürchtete Schicksal zu vermeiden. Nun verhalten sie sich womöglich aggressiv, belügen ihre Kollegen, oder gehen auf Distanz. Nachdem sie dadurch ihre Kollegen und vielleicht sogar ihren Chef vergrault haben, empfinden sie noch mehr Streß und schämen sich. Die Überzeugung, daß wir ein paar Drinks brauchen, um Streß loszuwerden, führt zu mehr Streß – ein Teufelskreis. Es geht hier vor allem darum, zu zeigen, daß unsere Überzeugungen nicht immer zu den erwünschten Resultaten führen.

3.3 Überzeugungen in Aktion

Ihre Entscheidungen beeinflussen die Umstände, in denen Sie sich befinden, ebenso unmittelbar wie die Wahl, die Sie treffen.

Häufig scheitern wir bei der Verwirklichung unserer Ziele, weil unsere Befürchtungen uns behindern. Fragt man die Menschen, wovor sie sich fürchten, lautet die Antwort meistens, daß sie Angst vor dem Risiko haben, Schmerzen zu erleiden oder gar sterben zu müssen. Diese Befürchtungen entstammen in den meisten Fällen persönlichen Erfahrungen. Die Erfahrungen können in der Realität oder ihrer Vorstellung stattgefunden haben. Manchmal können wir uns unsere Gefühle aber auch nicht erklären und schreiben sie dann intuitiven, instinktiven oder mystischen Quellen zu. Es gibt sogar Menschen, die behaupten, sie seien besessen gewesen. Entspricht es der Wahrheit, daß wir unseren Gefühlen willkürlich ausgeliefert sind? Ich glaube nicht!

In der Aussage, „ich glaube nicht", liegt der Schlüssel zu unseren Gefühlen. Ich habe entdeckt, daß unsere Gefühle unseren Gedanken entstammen. Aber dabei muß ich auch auf folgende wichtige Tatsache hinweisen: Nicht alle Gedanken führen zu Gefühlen, sondern nur diejenigen, von denen wir überzeugt sind. Ist ein Gedanke erst einmal zu einer Überzeugung geworden, so bezeichnen wir ihn als real und er zieht in der Folge immer Gefühle nach sich. Dieses Gefühl wiederum führt zu körperlichen Reaktionen oder einer bestimmten Verhaltensweise. Denke ich beispielsweise nur daran, einen Meistertitel zu gewinnen, dann überlege ich mir vielleicht, wieviel Punkte ich dazu machen muß. Meine Gefühle sind sicherlich nicht besonders stark. Verwandele ich diesen Gedanken hingegen in die Überzeugung, daß ich das große Spiel bereits gewonnen habe, dann fühle ich mich wahrscheinlich großartig und bin begeistert. Das drückt sich dann in meinem Verhalten aus. Ich bin begeistert und singe: „We are the champions!" Bin ich dagegen davon überzeugt zu verlieren, dann fühle ich mich schlecht, bin enttäuscht oder habe Angst, überhaupt teilzunehmen.

Unser Verhalten schafft Situationen, Umstände oder Bedingungen, die entweder zur Essenz dessen paßt, was wir wollen und beabsichtigen, oder aber nicht. Um auf das obige Beispiel zurückzukommen: Wenn ich begeistert bin, lassen andere sich vielleicht davon anstecken. Dresche ich hingegen frustriert auf meine Umkleidekabine ein, dann spüre ich womöglich nicht nur einen körperlichen Schmerz, sonder nehme mit meiner Flucherei auch noch andere gegen mich ein. Und meine Absicht, Spaß beim Sport zu haben, wird genau wie bei der Person, die Alkohol trinkt, damit Sie sich besser fühlt, von einer gegenläufigen Überzeugung untergraben, die lautet: „Ich bin ein Verlierer." Wollen wir uns also freuen, dann müssen wir davon überzeugt sein, daß es in Ordnung ist, uns zu freuen, ob wir das Spiel nun gewinnen oder nicht. Vielleicht können wir uns ein neues Motto zulegen: „Es geht nicht darum, daß man gewinnt oder verliert, sondern darum, was ich vor, während und nach dem Spiel glaube." Wenn uns die Beziehung zwischen unseren Gedanken, Überzeugungen, Gefühlen und unserem Verhalten klar ist, dann können wir die Verantwortung für unsere Gefühle, Handlungen und die Umstände übernehmen, in denen wir uns befinden.

Manche Menschen halten diese Theorie für falsch, weil wir bisweilen der Feindseligkeit und Aggression anderer zum Opfer fallen. Aber betrachten Sie doch mal folgende Überzeugung: „Ganz egal, was geschieht, ich bin niemals ein Opfer." Ja, es stimmt, manche Umstände entziehen sich unserer Kontrolle. Es geschehen uns viele unangenehme Dinge. Wir haben dennoch immer die Macht, uns für Überzeugungen zu entscheiden, die auch in schwierigen Zeiten unsere Freude und unser Wohlsein fördern. Allzuviele Menschen orientieren sich an den unangenehmen Umständen, statt sich für positive Überzeugungen zu entscheiden. Überzeugungen, die es ihnen erlauben, sich darauf zu konzentrieren, das zu kreieren, was sie wirklich wollen. Da Überzeugungen immer auch sich selbst erfüllende Prophezeiungen sind, verstärken wir die unerwünschten Umstände oder Resultate nur, wenn wir uns auf das konzentrieren, was wir nicht mögen.

3.4 Erinnerungen als Überzeugungen

*Das Schicksal unserer Lebensgeschichte liegt in der
Zukunft unserer Vergangenheit.*

Wir müssen überprüfen, welche Überzeugungen wir bezogen auf die Zeit haben und insbesondere, was wir hinsichtlich unserer Vergangenheit glauben. Erinnerungen
verschaffen uns einen Zugang zur Vergangenheit. Was
aber ist eine Erinnerung? Sie ist eine simple Überzeugung
darüber, wie die Dinge einmal gewesen sind. Wir nutzen
die Kreativität unseres Vorstellungsvermögens, um die
Vergangenheit zu rekonstruieren. Unser Vorstellungsvermögen hat große Macht. Wir nutzen es, um die Vergangenheit in Form schmerzhafter oder angenehmer Erinnerungen wiederzubeleben. Wir können aber eine
Szene unserer Vergangenheit niemals vollständig wie-
derbeleben. Wir können uns lediglich so daran erinnern,
wie sie unserer Meinung nach gewesen sein müßte.

Viele Menschen werden dieser Ansicht widersprechen
und behaupten, Erinnerungen seien real. Und genau darum geht es. Wir schaffen in unserer Imagination sehr
reale Erlebnisse. Vielleicht weist nun jemand auf eine
Narbe am Arm hin und sagt: „Ist diese Narbe nicht real?"
Ja, natürlich ist sie das, so real wie wir sie als körperliche
Manifestation wahrnehmen können. Dennoch existiert
das Ereignis, das zu der Narbe führte, *hier und heute* nur
im Geist der Person, die sich daran erinnert. Da sie also
nicht zum gegenwärtigen Zeitpunkt verwundet wird,
müssen wir annehmen, daß die Erinnerung an das Ereignis nur ein Produkt der Vorstellungskraft sein kann. Ist es

möglich, das Ereignis, das die Narbe verursachte, anders zu sehen, als es tatsächlich geschehen ist?

Das hängt von der Überzeugung ab, die man in dieser Hinsicht hegt. Wenn Sie davon überzeugt sind, Sie könnten Ihre Vorstellungskraft dazu nutzen, die Erinnerung an das Ereignis zu ändern, dann könnten Sie sich auch daran erinnern, daß es nicht so schmerzhaft gewesen ist. Glauben Sie hingegen, das sei nicht möglich, dann bleibt Ihnen nur die schmerzhaftere Erinnerung. Wie Sie also sehen, führt die Überzeugung, die Vorstellungskraft sei begrenzt, nur dazu, daß Sie Ihre gegenwärtige Wirklichkeit so fortsetzen, daß sie Ihnen weniger Freude und Glück bringt, als dies eigentlich möglich wäre. Solch eine einengende Überzeugung führt uns jedoch auf einen Umweg, auf dem unser Lebensziel zur Seite gedrängt wird.

Ich sprach einmal mit einer Frau, die der Meinung war, ich solle doch an Seminaren teilnehmen, die mein persönliches Wachstum fördern. Als ich sie fragte, weshalb sie das meinte, sagte sie, ich wäre viel zu glücklich und daß ich meine Schmerzen und Leiden verdrängen oder überspielen würde. Ich forschte weiter nach, inwiefern mir ein solches Seminar denn weiterhelfen könne und sie antwortete: „Du wirst alte Probleme los und das wird dich glücklich machen." Diese Frau konnte die Möglichkeit der Selbstermächtigung gar nicht wahrnehmen, weil sie so sehr davon überzeugt war, daß wir nicht in der Lage sind, unser Glück selber zu erzeugen.

Einige Leute sind davon überzeugt, daß kein Mensch ein vollkommenes Leben lebt. Sie werben für den Gedanken, daß wir unsere Vergangenheit und die dorther rührenden Gefühle verdrängen oder unterdrücken und wenn wir sie nicht anerkennen oder nicht zugeben, zu-

mindest ein paar traumatische Erinnerungen zu haben. Da
wir angeblich Erinnerungen, die zu Bosheit, Kummer
oder Niedergeschlagenheit führen, vor uns selber verbergen, halten wir die Disharmonie in unserem Innersten
instand. Allerdings fehlt hier der Aspekt, daß wir auch
angenehme Erinnerungen unterdrücken. Wenn wir freudige Erinnerungen haben, lächeln oder lachen wir über
vergangene Zeiten und fühlen uns gut. Diese Wohlge-
fühle schreiben wir meist unserem gegenwärtigen Zustand zu. Wenn wir aber in diesem Moment glücklich
sind, heißt das dann, daß wir Schmerzen verdrängen?
Wenn wir Schmerz empfinden, heißt das dann, daß wir
Freude unterdrücken? Vielleicht sind ja schmerzhafte und
freudige Gefühle lediglich ein Produkt unserer Vorstellungskraft oder der Überzeugungen, die wir momentan
hegen. Vielleicht sind die Gefühle, die unseren gegenwärtigen Überzeugungen entspringen, die einzigen Gefühle, die jemals für uns existieren. Falls dem so ist, verstehe ich nicht, wie der Glaube an unterdrückte oder
verdrängte Gefühle uns dabei helfen soll, Freude in unser
Leben zu bringen. Existieren unterdrückte Gefühle wirklich, oder reflektieren unsere Gefühle lediglich unsere
gegenwärtigen Überzeugungen?

Das hängt von Ihrer Überzeugung ab. Wenn Sie davon überzeugt sind, daß Gefühle geheimnisvolle Impulse
sind, die von selber entstehen und wie Parasiten über uns
herfallen, dann liegt Ihnen dieser Gedanke sicherlich
nahe. Sind Sie hingegen der Auffassung, Ihre Gefühle
seien ein Nebenprodukt Ihrer Überzeugungen, dann werden Sie wahrscheinlich nur jene Gefühle spüren, die Sie
mit Ihrer Vorstellungskraft erschaffen haben. Die Überzeugung, wir hätten Gefühle verdrängt, legt das Funda-
ment dafür, Beweise zu produzieren, die diese Überzeu-

gung untermauern. Die wichtigste Frage an dieser Stelle lautet doch: „Führt die Kreation verdrängter Gefühle zu Freude oder empfinden wir vielmehr dann Frieden und Glücksgefühle, wenn wir uns im gegenwärtigen Moment auf den Sinn unseres Lebens konzentrieren?"

Das hängt von Ihrer Überzeugung ab. Wenn Sie davon überzeugt sind, daß es Ihnen die größte Freude bringen wird, wenn Sie Ihr Leben lang schmerzliche Geschichten aus Ihrer Vergangenheit neu erfinden, dann erfüllen Sie damit wahrscheinlich auch den Sinn Ihres Lebens. Sind Sie hingegen davon überzeugt, das sei Zeitverschwendung, dann sind Sie wahrscheinlich auch jemand, der sich aus seinen alltäglichen Aktivitäten und dem Lesen dieses Buches eine Freude macht. Herzlichen Glückwunsch! Sie erfüllen den Sinn Ihres Lebens!

Kapitel vier

Risikofreie Überzeugungen

*Wenn wir beginnen, den Sinn unseres Lebens zu
verstehen, dann sehen wir auch, wie unsere
Wünsche in Erfüllung gehen.*

Wie ändert man Überzeugungen? Meistens geschieht dies
unbewußt, aufgrund von Erfahrungen und der Programmierung durch äußere Einflüsse. Wenn wir jedoch genau
das kreieren möchten, was wir wollen, dann müssen wir
unsere Überzeugungen bewußt ändern können. Haben Sie
früher einmal eine Überzeugung gehegt, die Sie heute
nicht mehr haben?

Ich erinnere mich, daß ich als Kind an den Weihnachtsmann geglaubt habe. Ich war ganz sicher, daß er
ein netter alter Mann mit langem weißen Bart war, der
am Weihnachtsabend Geschenke brachte. Ich kann mich
nicht mehr daran erinnern, wann ich diese Überzeugung
aufgegeben habe. Heute glaube ich jedenfalls nicht mehr
an ihn. Nicht alle Kinder glauben an den Weihnachtsmann. Abhängig von ihrer kulturellen oder religiösen
Tradition gibt es wahrscheinlich andere Dinge, an die sie
früher einmal geglaubt haben und heute nicht mehr.
Warum habe ich aufgehört, an den Weihnachtsmann zu

glauben? Ich nehme an, weil man mir gesagt hat, daß es ihn nicht gibt und weil er nie Fußspuren hinterließ. Außerdem entdeckte ich schließlich eine glaubwürdigere Erklärung für die Geschenke: Sie stammten von meinen Eltern!

Reichen glaubwürdigere Erklärungen aus, um Überzeugungen zu ändern? Die moderne Wissenschaft beispielsweise hat eine wichtige Rolle bei der Änderung unserer Überzeugungen gespielt. Seeleute glaubten früher, die Erde sei flach. Diese Überzeugung vertreten heute nur noch sehr wenige Menschen. Können Sie sich vorstellen, wie sehr diese Überzeugung Sie einschränken würde? Manche Überzeugungen bereichern unser Leben und wir neigen deshalb dazu, jene abzulegen, die das nicht tun. Wir haben die Macht und Fähigkeit, uns alles vorzustellen und zu glauben, was wir wollen.

Ich denke, wir alle können Überzeugungen finden, die wir im Lauf unseres Lebens geändert haben. Da wir also bereits wissen, daß wir die Macht haben, Überzeugungen auszuwählen oder zu verändern, können wir jetzt ganz einfach beschließen, nur an das zu glauben, was uns Freude, Glück und wundervolle Gefühle bringt.

Warum entscheiden wir uns für eine andere Überzeugung? Im allgemeinen, weil wir einsehen, daß uns das in irgendeiner Weise bereichert, selbst wenn wir damit nur das vermeiden, was wir nicht wollen. All unsere Erfahrungen sind eine Folge der Art und Weise, wie wir die momentane Situation einschätzen. Oft beurteilen wir das im Bruchteil einer Sekunde. In dieser minimalen Zeitspanne beschließen wir, entweder zu glauben, unser Leben sei in Ordnung oder aber wir hätten Probleme. Dabei vergessen wir, daß unser Leben im nächsten Moment schon wieder ganz anders aussehen kann. Die meisten von uns betrachten das Leben nicht als einen Film, bei dem die vielen Bilder, die an uns vorbeiziehen, die Geschichte unseres Lebens kreieren; statt dessen halten wir den Projektor an, zeigen auf ein einzelnes Bild und beschweren uns: „Sieh mal, das ist doch fürchterlich!"

Die Erde spricht

Ich war flach, weil sie das sagten,
Ich bin rund, weil sie glauben, was sie sagen
Ich drehe mich, weil sie Wiederholungen erleben
Ich kreise, denn immer sieht jemand Licht
Ich sterbe, wenn ich werde, was sie sind
Ich lebe, weil sie weder mein Geheimnis noch ihr eigenes
verstehen.

4.1 Risiken reduzieren

Die höchsten Berge, die wir besteigen, sind die
Berge in unserem Geist.

Viele Menschen wehren sich dagegen, Überzeugungen fallenzulassen, weil sie die eigene Vorstellungskraft unterschätzen. Da viele von uns Veränderungen als Risiko betrachten, fühlen wir uns sicherer, wenn die Dinge so bleiben, wie sie sind. Diese Sichtweise begrenzt jedoch die Möglichkeiten, die wir uns ansonsten schaffen könnten. So bleiben beispielsweise viele Menschen an Arbeitsstellen oder in Beziehungen, die ihnen nicht mehr gefallen. Sie sehen einfach nicht die Möglichkeit, das

Leben zu kreieren, das sie wirklich wollen; sie kennen
weder den Sinn Ihres Lebens noch fühlen sie sich einer
Vision verpflichtet. Fragt man Menschen, die sich in
solch einer Lage befinden, was sie wollen, dann antworten sie meistens mit dem, was sie nicht wollen. Mit anderen Worten: Sie achten nicht auf das, was sie in ihrem
Leben kreieren. Auch dies ist ein Beispiel für eine Vermeidungsstrategie. Fühlen wir uns hingegen unserem
Lebensziel verpflichtet, dann kleben wir weniger an
Wirklichkeiten, die uns an der Erfüllung unseres Lebensziels hindern.

Für viele Menschen basiert die Welt auf Befürchtungen, aber auch die Furcht ist ein Produkt jener Vorstellungen, die wir für wirklich halten. Wir stellen uns oft
vor, in Kürze würden wir abgelehnt oder verlassen,
müßten leiden oder gar sterben. Die Überzeugung, daß
sich so etwas schon sehr bald ereignen könnte, steigert
unsere Wachsamkeit und wir richten unsere Aufmerksamkeit auf Anzeichen unmittelbarer Gefahr. Da wir nun
zunehmend ängstlicher werden, können wir unser Lebensziel einfach nicht mehr erfüllen. Manchmal vergessen wir sogar, daß unser Leben einen Sinn hat und können nichts finden, das etwas anderes als unsere
Befürchtungen unterstützt. Dies führt wiederum zu Nervosität, Streß, Einsamkeit, Wut, Frustration, Traurigkeit,
Niedergeschlagenheit und anderen unangenehmen Gefühlen. Erst wenn wir uns außerordentlich unwohl fühlen,
ziehen wir es in Erwägung, uns mit unseren furchtsamen
Überzeugungen zu konfrontieren und sie eventuell zu
ersetzen.

Der Gedanke, daß wir unsere Furcht überwinden können, ist ein wenig irreführend. Wir überwinden unsere
Furcht nicht, sondern richten statt dessen unsere Vorstel-

lungskraft und Aufmerksamkeit auf das, was wir im
Moment kreieren wollen. Das regiert unser Verhalten.
Statt nur zu reagieren, werden wir aktiv: Wir beschließen,
uns zu trennen oder die Beziehung liebevoller zu gestalten, oder entscheiden uns, bei der Arbeit authentischer zu
sein oder einen neuen Job zu suchen. Wenn ich Menschen klagen oder jammern höre, dann weiß ich, daß
zweifelsfrei eine auf Furcht begründete Überzeugung am
Werk ist. Wer sich hingegen auf sein Lebensziel richtet,
unternimmt aktive Schritte, um die *Essenz* dessen zu
kreieren, was er oder sie will. Wer nur reagiert, schwelgt
in Selbstmitleid oder versucht andere zum Sündenbock
für seine Probleme zu machen.

Vielleicht wollen Sie immer noch die Risiken einschätzen, die Sie eingehen, wenn Sie eine Überzeugung
ändern. Was glauben Sie, sind Risiken? Ein Risiko ist
nichts anderes als eine furchtsame Überzeugung. Ist es
denn wirklich ein Risiko, seine Überzeugungen dahingehend zu ändern, ein glückliches Leben zu kreieren? Konzentrieren Sie sich auf den Sinn Ihres Lebens, wenn Sie
ein Risiko untersuchen? Natürlich nicht! Daher hilft es
Ihnen nicht, Ihr Lebensziel zu erfüllen, wenn Sie Risiken
abwägen. Welches Risiko gehen Sie ein, wenn Sie Ihre
gegenwärtige Überzeugung beibehalten? Geht es Ihnen
im Leben besser, bleibt alles, wie es ist, oder wird es
Ihnen schlechter gehen? Manche Leute sind skeptisch
oder haben schlicht Angst davor, was sie über sich selber
herausfinden werden. Vielleicht ist es an der Zeit, die
Überzeugung fallenzulassen, es sei ein Risiko, Überzeugen fallenzulassen! Jede Überzeugung, die zu Befürchtungen führt – in Form eines Risikos oder weil Sie Ihrem
Lebensziel nicht vertrauen – hält uns notwendigerweise
davon ab, unsere *Essenz* zu erfahren.

Überprüfen Sie doch mal Ihre Gefühle. Wenn Sie glauben, es sei ein Risiko, was empfinden Sie dann? Paßt das
Gefühl zur *Essenz* dessen, was Sie wollen? Wahrscheinlich nicht. Ich habe noch nie jemanden getroffen, der sich
lieber fürchtete, als sich angenehm oder frei zu fühlen.
Anderseits habe ich Menschen getroffen, denen Erregung
lieber ist als Ruhe. Es gibt sogar Leute, die Furcht und
Erregung durcheinanderbringen. Diese Personen glauben,
daß sie durch ein gefährliches Leben die *Essenz* dessen
erschaffen, was sie wollen. Aber in Wirklichkeit ist diese
Art, Erregung zu erzeugen, ziemlich aufgesetzt. Diese
Menschen glauben einfach nicht, in „normalen" Situationen Hochgefühle erfahren zu können. Sie sind süchtig
nach dem Adrenalinstoß, den sie durch äußerliche Situationen herbeiführen, oder sie nutzen künstliche Reize,
wie Drogen und Alkohol, um ein Hochgefühl zu erzeugen. Aber warum Dinge tun, die unser Wohlbefinden
gefährden, nur um einen Adrenalinstoß zu spüren? Wenn
unser Alltag aufregend ist und wir unser Wohlsein nicht
aufs Spiel setzen, dann können wir mit der Erfüllung
unsres wahren Lebensziels beginnen.

Richten Sie nun Ihre Aufmerksamkeit wieder auf den
Sinn Ihres Lebens. Wenn Sie darüber nachdenken, welche Überzeugungen diesen Sinn fördern, wie fühlen Sie
sich dann? Vielleicht sind Sie entspannt und empfinden
innere Ruhe. Fragen Sie sich nun, welche Gefühle Sie
lieber erfahren möchten. Entscheiden Sie sich für den
Streß, der auf furchtsamen Überzeugungen beruht, oder
für die Ruhe, die den Überzeugungen entspringt, die Ihren Lebenszweck unterstützen?

Wenn Sie sich für Ihre Befürchtungen entscheiden,
hegen Sie wahrscheinlich Überzeugungen, die Ihnen das
Gefühl geben, Sie hätten das, was Sie wollen, gar nicht

verdient. Solche Überzeugungen stammen meistens aus der Kindheit. Manche Überzeugungen aus unserer Kindheit sind leichter abzulegen als andere. Der Gedanke, man hätte es nicht verdient, glücklich, wohlhabend, gesund und weise zu sein, ist nicht ungewöhnlich. Kann es denn das Lebensziel sein, zu glauben, man hätte es nicht verdient? Natürlich nicht! Welches Risiko gehen Sie also ein, wenn Sie diese zersetzenden Überzeugungen loslassen? **Ich habe erkannt, daß lediglich die Überzeugung, wir seien nicht fähig, das zu kreieren, was wir kreieren wollen, ein Risiko ist.**

Teil zwei

Die Illusion meistern

Kapitel fünf

Das eigene Leben gestalten

Ohne Ziel ist das Rad des Lebens zweidimensional.

Auf der gegenüberliegenden Seite ist ein in acht Segmente unterteilter Kreis abgebildet. Dieser Kreis ist das *Rad des Lebens*. Die meisten von uns bringen dieses Rad in Bewegung, indem sie ihr Leben in bestimmte Lebensbereiche einteilen, die sie jeweils zu unterschiedlichen Zeiten betonen. Sowie wir das Gefühl haben, es sei in einem Bereich alles in bester Ordnung, widmen wir unsere Aufmerksamkeit meist dem nächsten. Das Bild zeigt, wie das *Rad des Lebens* funktioniert. Zunächst schreiben Sie in jedes Segment die Stichworte, die den jeweiligen Lebensbereich definieren. Zum Beispiel: Beziehungen, Familie, Kinder, soziale Verpflichtungen, Karriere, Finanzen, Hobbys, Spiritualität, Übung, Freizeit, Gesundheit, Zeit für uns und so weiter. Füllen Sie die Bereiche der Reihe nach aus und drehen Sie das Blatt gegen den Uhrzeigersinn, so daß Sie Ihre Definitionen jeweils vom Mittelpunkt aus eintragen können.

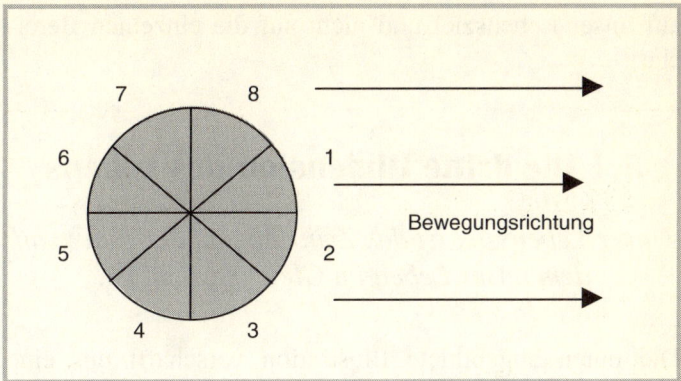

Rad des Lebens

Nachdem Sie nun Ihre Eintragungen gemacht haben, erkennen Sie, daß Sie die Bereiche in einer bestimmten Reihenfolge aufgelistet haben, je nachdem, welche Bedeutung Sie ihnen beimessen. Beachten Sie auch, die einander gegenüberliegenden Bereiche: 1 und 5, 2 und 6, 3 und 7, 4 und 8. Man kann am *Rad des Lebens* gut erkennen, daß beispielsweise der fünfte Bereich auf dem Kopf steht und nicht fokussiert ist, wenn man sich auf den ersten Bereich konzentriert, und so weiter. Denken Sie noch einmal über Ihr Leben nach und stellen Sie fest, ob Sie Ihr Leben tatsächlich so unterteilen, wie Sie das ins *Rad* geschrieben haben.

Obwohl das *Rad des Lebens* nun also veranschaulicht, wie wir leben, so stellt es vielleicht doch nicht die effektivste Art dar, den Sinn unseres Lebens zu erfüllen. Denn wenn wir erst einmal festgestellt haben, was der Sinn unseres Lebens oder unsere *Essenz* ist, dann ergibt sich daraus auch eine neue Möglichkeit, mit dem *Rad des Lebens* umzugehen; in diesem Fall konzentrieren wir uns

auf unser Lebensziel und nicht auf die einzelnen Bereiche.

5.1 Die dritte Dimension des Lebens

*Unser Lebensziel ist das Zentrum und der Punkt, an
dem unser Leben im Gleichgewicht ist.*

Die unten abgebildete Illustration verschafft uns eine
neue Sicht auf das *Rad des Lebens,* die selten berücksichtigt wird. Dieses neue Paradigma läuft darauf hinaus,
daß wir uns nicht auf einen Bereich nach dem anderen
konzentrieren sollten, sondern daß wir alle Aspekte
gleichzeitig ins Gleichgewicht bringen können. Das neue
Modell sieht eher wie ein Kreisel aus und nicht wie ein
Rad. Ein Rad dreht sich, auch wenn es sich nicht im
Gleichgewicht befindet. Aber ein Kreisel fällt einfach
um, wenn eine Seite zuviel Gewicht hat. Dieses Bild veranschaulicht deutlich, daß wir unser Leben integrieren
und ins Gleichgewicht bringen müssen, damit wir uns auf
unserer Achse drehen und bei unserer *Essenz* oder dem
Sinn unseres Lebens bleiben können. Unsere *Essenz* ist
der Kern unseres Wesens und wir müssen allen Aspekten
unseres Lebens gestatten, unser Gleichgewicht und den
Sinn unseres Lebens zu unterstützen.

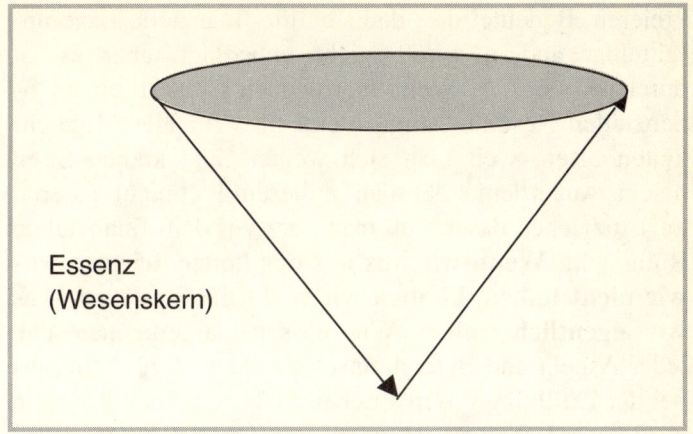

Essenz
(Wesenskern)

Neues Paradigma für das Rad des Lebens

Viele Menschen wissen nicht genau, was es heißt, ein
integriertes oder ausgeglichenes Leben zu führen. Um ein
solches Leben zu führen, dürfen wir es nicht mehr nur
aus dem Blickwinkel eines bestimmten Lebensbereiches
betrachten. Die folgende Aussage zeigt, wie bruchstück-
haft man sein Leben betrachten kann: „Ich liebe meine
Arbeit, aber meine Finanzen sind eine Katastrophe." Man
kann das allerdings auch ganz anders betrachten, zum
Beispiel: „Ich liebe meine Arbeit und ich weiß, daß sich
daraus viele neue Möglichkeiten ergeben werden." Die
erste Aussage betont nicht, was kreiert wird, sondern den
Mangel an finanziellen Mitteln. Die zweite Aussage hingegen faßt die Möglichkeit ins Auge, die Arbeit dazu zu
nutzen, sich bessere finanzielle Quellen zu erschließen.
Es geht jedoch weder um die Arbeit noch um das Finanzielle, sondern darum, wie wir mit unserer Orientierung
und unseren Überzeugungen Wohlbefinden und Freude

kreieren. Bedeutet das, daß sich die finanzielle Lage unmittelbar ändern wird? Nicht unbedingt, aber es ist
durchaus möglich. Wenn man jedoch nicht an einem finanziellen Resultat hängt, bleibt man für alle Möglichkeiten offen, weil man sich wegen Geld keinen Streß
macht. Außerdem stößt man in diesem Fall nicht dauernd
auf Anzeichen dafür, daß man kurz vor dem finanziellen
Ruin steht. **Wenn wir uns auf das konzentrieren, was
wir nicht haben, können wir nicht das kreieren, was
wir eigentlich wollen**. Wir müssen klar erkennen, daß
jeder Aspekt und Bereich unseres Lebens dazu dient, uns
bei der Erfüllung unseres Lebensziels zu unterstützen. So
wird unser Leben zu einem großen Ganzen, zu einer Einheit, statt in unterschiedliche Bereiche zu zerfallen.

Mit der Unterteilung in verschiedene Lebensbereiche
beabsichtigen wir ja eigentlich, jene Bereiche herauszufiltern, in denen wir erfolgreich sind. Aber noch einmal:
Wenn wir unser Leben mit dem Leben anderer Menschen
vergleichen oder auch nur mit unseren eigenen Erwartungen, dann verpassen wir so manche Gelegenheit, unseren
wahren Erfolg zu erkennen. Dieser Erfolg liegt darin, den
Sinn unseres Lebens zu erfüllen und unsere *Essenz* zu
erfahren. Weil so viele Menschen sich bisher nicht als
erfolgreich, attraktiv, wohlhabend und weise betrachtet
haben, kennen sie auch das Gefühl nicht, das mit diesem
Wissen einhergeht. Daher ist es durchaus möglich, trotz
seiner Erfolge nicht glücklich zu sein. Die meisten Menschen glauben, daß ihr Leben völlig anders aussieht und
sie sich ganz anders fühlen werden, wenn sie erst einmal
erleuchtet, erfolgreich, wohlhabend, verheiratet und so
weiter sind. Aber die Erfahrung zeigt, daß sich einzig die
Art und Weise ändert, in der wir die Ereignisse unseres
Lebens erfahren und darauf reagieren.

So genießen beispielsweise viele Menschen ihre Weih-
nachtsferien und feiern Neujahr. Sie freuen sich schon
weit im Vorfeld auf eine liebevolle und angenehme Zeit
im Kreise der Familie und auf ihre Freunde. Oft nehmen
sie sich auch etwas fürs neue Jahr vor, in der Hoffnung,
so ein besseres Leben zu führen. Nach den Ferien sind sie
jedoch häufig enttäuscht und auch aus den guten Vorsät-
zen wird selten etwas. Nun sind sie unzufrieden mit sich,
fühlen sich schuldig und vielleicht sogar beschämt, weil
sich ihre Erwartungen nicht erfüllt haben. Diese Enttäuschung entspringt der Beurteilung ihrer eigenen Bemühungen und den Erfahrungen, die sie in den Ferien gemacht haben. Haben solche Menschen jedoch erst einmal
gelernt, ihr Lebensziel zu erfüllen, dann können genau
die gleichen Ereignisse stattfinden, einschließlich der
fehlgeschlagenen guten Vorsätze, und sie können dennoch ihrer *Essenz* gemäß leben. Die wirkliche Chance,
sein Leben zu ändern, liegt nicht in der physischen Wirklichkeit, sondern in der Art und Weise, wie man darauf
reagiert und mit den Ereignissen umgeht. Mit anderen
Worten: Wenn Sie weiterhin von sich überzeugt sind und
sich erfolgreich und glücklich fühlen, dann kreieren Sie
einen bleibenden, emotionalen Erfolg, egal ob die Umgebung Ihren Erwartungen entspricht oder nicht.

Zumeist halten wir unsere Erwartungen und Bestrebungen für lebenswichtig. Wir meinen, wir hätten mehr
Bedürfnisse als Nahrung, Kleidung und ein Dach über
dem Kopf. Aber wir sollten in der Lage sein, ein wesent-
liches Bedürfnis von einem Wunsch zu unterscheiden. In
den reichen Industriegesellschaften ist uns der Unterschied zwischen diesen beiden Dingen offensichtlich
nicht mehr bewußt. Es ist überhaupt nichts dagegen ein-
zuwenden, Wünsche zu haben und zu äußern. Wenn wir

sie jedoch mit wesentlichen Bedürfnissen verwechseln, dann ist die Enttäuschung nicht weit oder unser Leben scheint eine bedrohliche Wende zu nehmen. Sobald wir glauben, wir bräuchten irgend etwas, dann wird diese Überzeugung aktiv und wir haben möglicherweise das Gefühl, daß unser Wohlbefinden bedroht ist, falls dieses Bedürfnis nicht befriedigt wird. Ein Wunsch ist dahingegen nicht essentiell und man kann ihn leichter loslassen.

Kapitel sechs

Wie Sie das kreieren, was Sie wollen

Es gilt, zu der Erkenntnis zu gelangen, daß das, was Sie erreichen wollen, ganz nah und in Ihrer Reichweite liegt.

Die Formel, mit der man die *Essenz* dessen kreiert, was man will, ist so simpel, daß sie einem ganz leicht entgehen kann. Wir müssen wissen, wie wir uns fühlen werden, wenn wir das haben, was wir wollen. Andernfalls erkennen wir die Erfahrung überhaupt nicht, wenn sie real geworden ist. Wie soll man auch wissen, was es heißt, wirklich glücklich zu sein, wenn man keine Ahnung hat, wie man sich fühlt, wenn man wahrhaft glücklich ist? Wie soll man die wahre Liebe erkennen, wenn man nicht weiß, wie es ist, wahre Liebe zu empfinden? Viele von uns verlassen sich darauf, daß andere uns schon sagen werden, wie wir uns fühlen sollten. Und auch wenn die anderen es nicht wissen, dann geben sie weiter, was wieder andere ihnen erzählt oder was sie im Kino gesehen haben. Kein Wunder, daß viele von uns das

Gefühl haben, nicht erfolgreich zu sein – wir setzen uns keine originellen, eigenen Ziele und Absichten.

Wenn Sie beispielsweise aus Ihrer Originalität schöpfen, schreiben Sie vielleicht das Buch, von dem Sie schon immer geträumt haben. Weshalb lesen Sie dieses Buch? Wenn Sie nach Antworten suchen, dann verbringen Sie vielleicht Ihr ganzes Leben mit dieser Suche. Es gibt keine Fragen, auf die Sie selber nicht bereits die Antwort wüßten. Wenn Sie außerhalb Ihrer eigenen Überzeugungen nach Ihrer *Essenz* suchen, dann haben Sie Ihre *Essenz* oder den Sinn Ihres Lebens offensichtlich noch nicht erkannt. **Damit Sie den Sinn Ihres Lebens erfüllen, müssen Sie ein Experte auf dem Gebiet jener Überzeugungen werden, mit denen Sie Ihre Wirklichkeit kreieren.**

Sie können solange kein Experte auf dem Gebiet Ihres eigenen Lebens werden, bis Sie davon überzeugt sind, genau dieser Experte zu sein. Es gibt keine Handbücher dafür, wie man zum Experten für das eigene Leben wird: Dieses Buch gibt lediglich meine eigenen Erfahrungen und Überzeugungen wieder. Es hat sich für andere Menschen gelohnt, sich diese Überzeugungen anzueignen und vielleicht werden Sie das auch tun. Alle Programme, die uns Lösungen bieten, die das Leben bereichern – egal ob sie dazu fünf, sieben oder zwölf Schritte brauchen – sind nicht wertvoller oder wertloser als andere. Sie müssen selber überlegen und entscheiden, welche Überzeugungen oder Kombinationen davon Sie Ihrer *Essenz* näherbringen. Wie sehr Sie von einer Überzeugung oder einer Programmierung profitieren, hängt letztlich davon ab, wie Sie sie in Ihr Leben integrieren.

Ich habe eine einfache Formel gefunden, mit der man seine Probleme und furchtsamen Gedanken umformulieren und eine neue Sichtweise entwickeln kann. So sind wir in der Lage, die *Essenz* dessen auszuwählen, was wir wirklich wollen. Diese Vorgehensweise läßt sich auf jeden Lebensbereich anwenden, mit dem Sie unzufrieden sind.

6.1 Die Formel, mit der Sie kreieren können, was *Sie* wirklich wollen.

Stellen Sie sich folgende Fragen:

Worüber mache ich mir Sorgen?

Wovor habe ich letztlich Angst (verlassen zu werden, Ablehnung, Schmerz, Tod)?

Welche Empfindungen möchte ich in *Essenz* verspüren (definieren Sie die Gefühle, die Sie haben möchten)?

Gibt es faktische Beweise dafür, daß das befürchtete Ereignis tatsächlich stattfindet?

Abgesehen davon, daß ich an meine Befürchtungen glaube, gibt es JETZT einen Grund, Angst zu haben?

Entscheiden Sie sich dafür, über Ihre Befürchtungen nachzudenken oder lieber darüber, was Sie JETZT wollen?

Ich entscheide mich für _____

Mir der obigen Formel wird Ihnen vielleicht bewußt, daß die Konzentration auf Befürchtungen bestimmte Überzeugungen, Gefühle, Verhaltensweisen und in der Folge

Lebensumstände heraufbeschwört. Je länger wir glauben, das Leben sei unvollkommen, desto mehr Beweise sammeln wir für diese Überzeugung. Wenn wir persönlich die Verantwortung dafür übernehmen, nur jene Überzeugungen anzunehmen, die uns Freude bringen, dann werden wir in Richtung von Beweisen getrieben, die unsere Überzeugung unterstützen, daß das Leben wundervoll ist.

6.2 Persönliche Verantwortung

Wer die Wahrheit nicht selber entdeckt, wird immer weiter suchen müssen.

Menschen, die unbewußt mit ihrem Selbstwert kämpfen, haben meist auch Schwierigkeiten, ihre Verantwortung anzuerkennen. Daher hegen sie auch Widerstände gegen den Gedanken, sie könnten ihre Wirklichkeit und das Ausmaß emotionaler Erfüllung ändern. Ohne die Genehmigung einer Autorität (Lehrer, Leiter, Guru, Therapeut, Geistlicher, Experte, usw.) glauben sie nicht, über genügend persönliche Kraft oder Macht zu verfügen, um Liebe, Harmonie und Freude in ihrem Leben zu kreieren. In der Folge leben sie ihr Leben weiterhin, als sei es ein Film, den irgendein unbekannter Drehbuchautor für sie geschrieben hätte. Viele Menschen stützen sich dabei auf ihre Religion, auf die Mystik oder auf sogenannte Experten, die ihnen zu dem gewünschten Frieden und zu Freude verhelfen sollen. So ist es auch, wenn Sie sich von diesem Buch abhängig machen: Es könnte verhindern, daß Ihnen klar wird, daß Sie *selber* der Experte auf dem Gebiet Ihres Lebens sind.

Es ist gewissermaßen so: Wenn die an und für sich förderlichen Beziehungen zu bestimmten Autoritäten auf Abhängigkeit basieren, dann führen sie zu einer Vermeidungsstrategie, die den Glauben unterstützt, daß wir als Mensch nicht vollständig oder ganz sind. Indem wir unseren Verstand und die Macht unserer Überzeugungen unterdrücken, übernehmen wir auch nicht die Verantwortung dafür, jene Gefühle zu erzeugen, die wir wirklich wollen. Dieser Verdrängungsmechanismus ermöglicht es uns, Beweise dafür zu finden, daß das Leben ein Kampf ist. Wer glaubt, sein persönliches Wachstum sei ein Prozeß, der ein Leben lang andauert, befindet sich zweifelsfrei bereits in einem lebenslänglichen Prozeß, zu *versuchen*, glücklich zu werden.

Wenn ich etwas in meinem Leben schaffen möchte, dann beginne ich mit einer Idee oder Vision, beispielsweise mit der Idee, dieses Buch zu schreiben. Die Idee nimmt als geistiges Bild eines Buches Gestalt an. Ohne an der spezifischen physischen Manifestation meiner Vorstellung zu haften, lerne ich dennoch das Gefühl kennen, wie es ist, das zu haben, was ich will – ein veröffentlichtes Buch, das Menschen hilft, sich selber zu ermächtigen. Mit Hilfe meiner Vorstellungskraft erfahre ich diese Gefühle nun körperlich. Ich achte immer ganz besonders darauf, was mein Körper empfindet, wenn ich die *Essenz* dessen erfahre, was ich will. Nachdem ich dieses Gefühl gespeichert habe, kann ich es mit Hilfe meiner Vorstellungskraft immer wieder neu abrufen. Ich kann Überfluß spüren oder Produktivität; fühlen, daß es der Mühe wert ist. Ich kann Kreativität, Zufriedenheit und Frieden erfahren, mich ganz fühlen, und so weiter ...

Je mehr ich die Gefühle empfinde, die zu meiner Vision passen, desto mehr orientiert sich die physische Wirk-

lichkeit an meiner Vision. Das Buch nimmt beispielsweise Form an, da mein Zielbewußtsein und mein Gefühlszustand mich zum Schreiben bewegen. Oft werde ich
auch unbewußt inspiriert oder motiviert, wenn ich meinen
Lebenszweck erfülle. Ich vertraue meiner Fähigkeit, die
Essenz dessen, was ich will, zu manifestieren oder kreieren, weil ich es auf spiritueller Ebene bereits erfahre.
Dieses absolute Vertrauen in mein Wissen und meine
Vollkommenheit hält jeden furchtsamen Gedanken fern,
der vielleicht auftauchen und mir vermitteln könnte, ich
könne nicht erschaffen, was ich will – nämlich dieses
Buch veröffentlichen.

Ich lehne alles, was meinen Erfolg zu untergraben
droht, rundherum ab. Was andere vielleicht als negatives
Ereignis betrachten würden, gehe ich einfach an, ohne es
zu bewerten, oder als wichtig oder bedeutsam anzusehen.
Dadurch kann ich mich auch weiterhin auf mein Ziel
konzentrieren und werde nicht abgelenkt. In den meisten
Fällen manifestiert sich das, was ich mir vorgestellt habe,
innerhalb kürzester Zeit.

So hatte ich beispielsweise den ersten Entwurf dieses
Manuskripts bereits innerhalb weniger Wochen fertigge-
stellt. Die physische Manifestation paßt immer zur *Essenz*
dessen, was ich will, obwohl es bisweilen anders aussieht, als ich es mir vorgestellt hatte. Weil ich nicht an
einer bestimmten physischen Form hafte, ist es egal, wie
sich meine Vision am Ende manifestiert, solange ich nur
den gefühlsmäßigen Lohn ernte, der zu meinem Ziel gehört. Auf diese Weise erfüllt sich mein Ziel bevor, während und nachdem meine Vision sich physisch manifestiert hat. In diesem Fall empfinde ich grenzenlose
Freude darüber, dieses Buch zu konzipieren, es zu schreiben, zu veröffentlichen und auf den Markt zu bringen.

6.3 Überzeugungen über Veränderungen und Wandel

Man kann das Glück nicht durch irgendwelche Schritte oder Handlungen herbeiführen. Man kann jedoch etwas dafür tun, um seine dahingehenden Überzeugungen zu ändern.

Während wir uns unserer Überzeugungen bewußt werden und lernen, unseren emotionalen Zustand so zu beeinflussen, daß er zu unserem Lebensziel paßt, müssen wir auch bereit sein, Veränderungen zuzulassen – und zwar ohne uns dagegen zu wehren. Das ist jedoch nur dann möglich, wenn wir folgende Fragen klar beantworten: Was ist Veränderung? Wie kann man Wandel messen? Wie führen wir eine Veränderung durch und wie passen wir uns an den Wandel an? Wie beeinflußt die Veränderung uns?

Wie definieren Sie *Wandel* und *Veränderung*? Nachdem Sie sich eine Zeitlang mit dieser Frage befaßt haben, werden Sie wahrscheinlich eine Antwort finden. Viele Leute sind zu dem Schluß gelangt, daß Wandel oder Veränderung lediglich bedeutet, daß sie einen anderen Blickwinkel einnehmen oder eine neue Perspektive haben. Wie nehmen wir also eine Veränderung wahr? Man kann die Antwort von einem physischen Standpunkt aus betrachten, oder von seiner Einstellung ausgehen. Allerdings sind unsere physischen Standpunkte manchmal ein Nebenprodukt unserer Überzeugungen – Sie wissen schon, das alte Lied: Wir–finden–immer–Beweise–dafür– daß–wir–recht–haben.

Auf der gegenüberliegenden Seite finden Sie zwei Kreise. In der Mitte beider Kreise ist ein kleinerer Kreis.

Die großen Kreise stellen die Art und Weise dar, wie
Veränderungen betrachtet werden. Im ersten Kreis wehren Sie sich eventuell gegen die Veränderung und halten
an Ihrer gegenwärtigen Überzeugung oder an der ver-
trauten Umgebung fest. Sie haben das Gefühl, daß sich
die Dinge überall um Sie herum verändern. Im zweiten
Beispiel vermeiden Sie womöglich die scheinbar unangenehmen Seiten der Veränderung, indem Sie selber aktiv
werden. In diesem Fall leiten Sie die Bewegung in Ihrem
Leben ein und es scheint, das alles andere unverändert
bleibt.

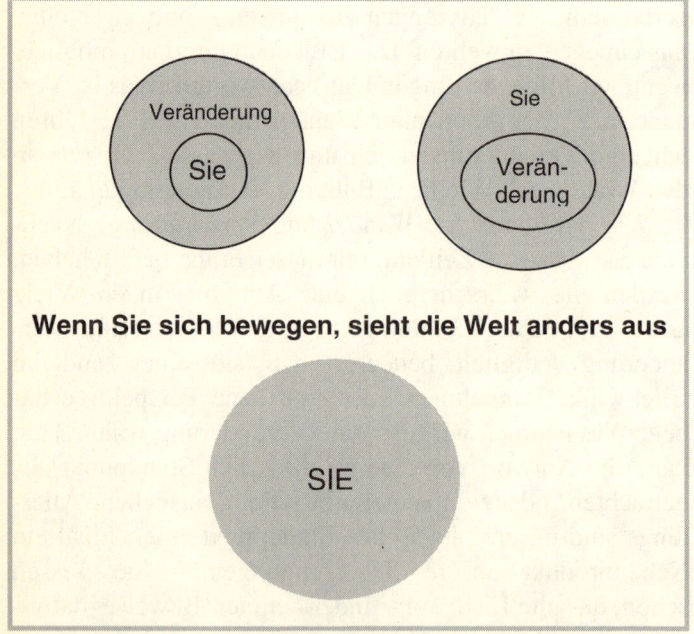

Wenn Sie sich bewegen, sieht die Welt anders aus

Eine dritte Möglichkeit ergibt sich aus dem dritten abge-
bildeten Kreis, der darstellt, wie wir in eine ganzheitliche

Lebenserfahrung eingebettet sind. In diesem Fall betrachten wir die Veränderung nicht als etwas, das von außen oder von innen kommt, sondern wir fließen im Wandel. Das bedeutet, wir akzeptieren die Situationen und Umstände so, wie sie sind. Dies soll kein Vorschlag sein, das Ziel und die Vision aufzugeben, oder den Lebensstil, den wir bevorzugen. Ich betone hier lediglich, daß die Veränderungen in unserem Leben in Richtung Erfüllung unserer Ziele tendieren, wenn wir uns auf unsere *Essenz* konzentrieren. Das Konzept, wie man im Wandel fließen kann, läßt sich am folgenden Beispiel leicht erläutern:

Stellen Sie sich vor, Sie fahren auf der Autobahn. Neben Ihnen fährt ein Auto in die gleiche Richtung und mit der gleichen Geschwindigkeit wie Sie. Wenn Sie aus dem Fenster sehen, sieht es so aus, als stünde das Auto neben ihnen still. Solange sie sich auf die Menschen im benachbarten Auto konzentrieren, ändert sich anscheinend nichts. Wenn Sie jedoch durch das gegenüberliegende Fenster schauen, scheint sich alles ganz schnell zu ändern und die Bäume und Autos rasen an Ihnen vorbei.

Mit dem Wandel zu fließen bedeutet, einen Lebensrhythmus und Lebensstil zu entwickeln, der Ihnen das Gefühl gibt, sich im Einklang mit der Umgebung zu bewegen. Weigern wir uns, einen anderen Blickwinkel einzunehmen, leisten wir Widerstand und fühlen uns dadurch unwohl. So ist es beispielsweise ziemlich gefährlich, zu stoppen, bevor man auf eine Rolltreppe oder ein Laufband steigt. Ist man hingegen etwa genauso schnell wie die Rolltreppe, dann kann man problemlos aufsteigen, ohne dabei das Gleichgewicht zu verlieren. Das gleiche gilt, wenn man auf eine Autobahn auffährt. Wenn man erst stoppen muß, ist es meist schwieriger, sich in den Verkehrsfluß einzufädeln. In unserem Leben verhält es sich ganz ähnlich. Wir müssen bestimmen, wohin wir wollen und uns dann in den entsprechenden Fluß begeben, statt stehenzubleiben.

Wir erfahren Veränderungen und Wandel, wenn wir unsere Wirklichkeit mit anderen Orten oder Zeiten vergleichen. Dazu greifen wir auf unser Gedächtnis zurück oder versuchen vorherzusagen, was die Zukunft bringt. Sowie wir aber Vergleiche anstellen, richten wir unsere Aufmerksamkeit nicht auf das, was wir in diesem Moment wollen. Wenn wir uns damit befassen, was wir wollen und heute kreieren, dann hat es keinerlei Bedeutung, wie unser Leben einmal gewesen ist. Viele Menschen vergleichen den gegenwärtigen Zustand mit der Vergangenheit oder ihren Erwartungen für die Zukunft, weil sie damit ihre Überzeugungen über die gegenwärtige Realität untermauern wollen.

6.4 Überzeugungen über die Zukunft

Der gegenwärtige Moment vergeht schneller, als Vergangenheit oder Zukunft wahrgenommen werden können.

Bezogen auf unsere Wahrnehmung der Vergangenheit ist es nur fair, jenes illusorische Zeitelement, das wir Zukunft nennen, näher zu betrachten. Wir greifen ähnlich auf die Zukunft zu wie auf die Vergangenheit, und zwar durch Anwendung unserer Vorstellungskraft; in diesem Fall machen wir eine Voraussage oder projizieren etwas. Projektionen sind, wie Erinnerungen, ein Produkt unserer Vorstellungskraft, das uns überzeugt. Stellen wir uns die Zukunft vor und nutzen dabei Überzeugungen, die zu schmerzhaften Gefühlen führen, dann nennen wir diese Zukunftsprojektionen *Befürchtung*. Schaffen unsere Projektionen hingegen wundervolle Gefühle, so nennen wir das *Phantasie*. Wann also werden Befürchtungen und Phantasien zu Wirklichkeit?

Das hängt von Ihren Überzeugungen ab. Menschen definieren ihre Wirklichkeit anhand unterschiedlicher Kriterien. Im allgemeinen hält man Befürchtungen jedoch sofort für real und diese Überzeugung erzeugt Streß und Nervosität. Die meisten Menschen glauben fest daran, daß Befürchtungen realer sind als Gefühle, die durch Phantasien geweckt werden. Wenn ich Sie beispielsweise jetzt bitten würde, Ihre Augen zu schließen, tief durchzuatmen und sich dann Ihre größte Befürchtung vorzustellen, dann würden Sie wahrscheinlich Streß empfinden. Nachdem Sie dann Ihre Augen öffnen, empfinden Sie höchstwahrscheinlich noch immer jenen Streß oder Frust, die Verwirrung oder Wut, die diese Vorstellung heraufbeschworen hat. Manche Leute werden zum Opfer ihrer Erinnerungen, wenn sie sich an Erfahrungen mit dem entfremdeten Ehepartner oder einem schrecklichen Chef erinnern. Und während sie die Erfahrungen im Geiste noch einmal durchleben, entfernt der emotionale Zustand sie immer weiter von ihrer *Essenz* in Richtung ihres Schmerzes. Weshalb? Weil sie glauben, der Schmerz könne sich wiederholen. In gewisser Weise legt die Erinnerung ihre Gegenwart und Zukunft fest.

Atmen Sie nun noch einmal tief durch und schließen Sie die Augen beim Ausatmen. Stellen Sie sich nun mit geschlossenen Augen und entspanntem Körper die vollkommene Welt vor, in der Sie alles haben können, was Sie wollen und in der Sie nur wundervolle Gefühle empfinden, die den liebevollen Beziehungen, den befriedigenden Jobs, der vollkommenen Gesundheit, dem finanziellem Überfluß und der völligen Freiheit entspringen. Holen Sie sich eine Welt vor ihr geistiges Auge, in der Sie in jedem Moment so leben können, wie Sie leben wollen. Können Sie es sich gestatten, sich solch ein vollkommenes Leben vorzustellen? (Hinweis: *Das hängt von Ihren Überzeugungen ab!*)

Haben Sie sich erst einmal Ihr vollkommenes Leben vorgestellt, dann achten Sie darauf, was Sie körperlich und emotional dabei empfinden. Bevor Sie die Augen öffnen, küssen Sie Ihre vorherrschende Hand sanft und liebevoll und reiben Sie dann den Handrücken an die Wange und sagen Sie sich: „Ich liebe Dich!" Überprüfen Sie nun die Gefühle, die diese Phantasie bei Ihnen geweckt hat. Sie werden sicherlich noch einige Zeit in Ihren Gefühlen baden – solange, bis Sie Ihre Phantasie wieder für irreal halten. Wie Sie aber nun erfahren haben, wird sich unser emotionaler Zustand unseren Befürchtungen oder Phantasien anpassen, je nachdem, wovon Sie zur Zeit überzeugt sind. Ein Gefühlszustand hat oft weit weniger mit unserer aktuellen physischen Wirklichkeit als mit den Projektionen zu tun, von denen wir überzeugt sind, daß sie sich in Zukunft ereignen werden.

Wirklichkeit ist nur ein Konzept.

Kapitel sieben

Lassen Sie Ihre Vorstellungs- kraft für Sie arbeiten

Wahre Größe entspringt der Erkenntnis, daß wir uns den Sinn unseres Lebens vorstellen und ihn nicht mimen.

Es war einmal in einem fernen Land, das so nahe liegt wie mein Büro, da erforschte ich meine Vorstellungs- kraft:

Ich erinnere mich nicht daran, welcher Tag heute ist. Das ist wahrscheinlich auch egal. Es ist wun- dervoll windstill. Alles ist voller Frieden und Ruhe. Die prachtvollen Farben der Herbstblätter bezau- bern mich, wie sie dort auf dem feuchtgrünen Gras vor meinem Fenster liegen. Eine Decke goldener und brauner Blätter geben dem grauen Tag einen wunderschönen Glanz. Ich spüre, wie Energien durch meinen Körper fließen. Meine Finger krib- beln elektrisch. Ich spüre eine sanfte Wärme im Bauch und in den Lungen. Ich erstrahle in Frieden und stiller Freude. Ich leuchte und meine Seele schimmert. *Ich bringe die Staubkörnchen um mich herum zum Tanzen, wie eine Welle, die die Stille eines spiegelnden Teiches ins Leben ruft.*

Meine Gedanken konzentrieren sich auf meinen gegenwärtigen Zustand. Gelegentlich wird meine Glückseligkeit durchbrochen von Gedanken, wo ich gerade bin und ob mir jemand glauben wird, daß dies alles Wirklichkeit ist. Meine Gedanken treiben hin zum Summen der Festplatte meines Computers. Ich stelle mir vor, es sei der Klang eines Baches, der Felsen und Wälder durchfließt. Eine sanfte Hand kommt nun über meine rechte Schulter und streichelt meine Wange mit samtener Zärtlichkeit. Ich kann die Hand nicht sehen, aber ich weiß, die Hand gehört zu meiner sehr realen Vorstellungswelt. Mein Körper ist leicht. Es ist wundervoll, in der Luft zu schweben. Es nährt meine Seele und ist so angenehm, auf unsichtbaren flockigen Wolken zu schweben und auf die Blätter dort unten hinabzuschauen.

In der Ferne singt ein Vogel mir eine Melodie, die so vollkommen ist, daß ich sie nicht wiederholen kann. Ich lächle entzückt und bin dankbar für die herrliche Schöpfung und diesen wundervollen Augenblick. Das Telefon klingelt, ich hebe ab und mein Frieden bleibt bei mir. „Falsch verbunden!" Aber das hält mich nicht davon ab, jene Gefühle aufrechtzuerhalten, die mein Wesen erfüllen. Auch dies ist ein Teil meiner vollkommenen Wirklichkeit. Es ist so, weil ich es so will. Es ist so, weil ich es so will. Ich will, daß es so ist. Ich will, daß es so ist.

Trotz aller Probleme, die es in unserem Leben und in der Welt gibt, können wir immer noch Glück erzeugen – wir müssen lediglich unser Vorstellungsvermögen einsetzen. Es liegt an uns, ob wir uns auf unsere Probleme oder aber auf unser Lebensziel konzentrieren. Die eigentliche Herausforderung ist sicherlich, der physischen Realität die Bedeutung beizumessen, die sie wirklich hat. Statt dessen schrauben wir meist die Bedeutung unserer spirituellen Phantasien herab, weil wir davon überzeugt sind, sie seien einfach zu schön, um wahr zu sein. Daher ehren wir oft nur die physische Manifestation unserer Phantasien als etwas Reales. Und weil wir davon überzeugt sind, daß niemand ein vollkommenes Leben führen kann, erkennen wir die Gefühle nicht an, die unser Leben vollkommen machen (eine sich selbst erfüllende Prophezeiung).

Wie also kann man Moment für Moment Gefühle beibehalten, die man in der Phantasie erzeugt hat? Zuallererst beginnt man damit, sich folgende Überzeugung anzueignen: „Mein Leben ist vollkommen." Die meisten Menschen entgegnen jedoch: „Das kann ich aber nicht sagen. Ich müßte lügen! Mein Leben ist eben nicht vollkommen." Und genau diese Überzeugung sorgt dafür, daß man kein vollkommenes Leben führt. Die meisten Menschen glauben, sie müßten zuerst die physische Manifestation dessen erfahren, was ihnen vermeintlich Freude bringt, damit ihre Freude legitim ist. Aus diesem Grund verschließen sie sich der Überzeugung, ihr Leben sei vollkommen.

Zum Beispiel: In Ihrer Phantasie haben Sie vielleicht ein luxuriöses Haus mit Blick aufs Meer. Wenn Sie sich vorstellen, in diesem Haus zu leben, empfinden Sie Erfolg, Freiheit und vielleicht Frieden. Genau in dem Moment, als Sie all diese wunderbaren Gefühle hatten, erfüllten Sie Ihr Lebensziel. Sie glauben für einen Moment, im Haus Ihrer Träume zu leben. Wenn Sie sich auf diese Gefühle konzentrieren und sie näher kennenlernen, wissen Sie, wie es ist, ein Traumhaus mit Blick aufs Meer zu haben.

Nun wird Ihnen vielleicht auch bewußt, daß Sie das Haus gar nicht besitzen müssen, damit Sie diese Gefühle empfinden. Wenn wir uns jedoch nach dieser Vorstellung in unserer unmittelbaren Umgebung umsehen, dann nehmen wir das Haus, das wir in unserer Phantasie gesehen haben, nicht mehr wahr und sagen uns sofort: „Diese Gefühle waren irreal." Diese Aussage drückt jedoch eine abträgliche Überzeugung aus, die ein Gefühl von Mittelmäßigkeit oder gar Leere nach sich zieht. Um den Gefühlszustand, den wir wollen, aufrechtzuerhalten, müssen wir uns auf unser Vorstellungsvermögen verlassen. Wir setzen es permanent ein, bewußt oder unbewußt, zu unserem Nutzen oder unserem Schaden. In jedem Fall sind die Gefühle, die unseren Lebenszweck unterstützen genauso real, wie die, die ihm abträglich sind.

So habe ich beispielsweise mehrere Kreuzfahrten in der Karibik gemacht. Nach etwa einer halben Woche hört man dann häufig jemanden sagen: „Nur noch ein paar Tage und dann geht's wieder zurück in die harte Wirklichkeit." Dies ist ein perfektes Beispiel dafür, wie wir die Schönheit des gegenwärtigen Moments verwerfen, nur um uns Dinge vorzustellen, die wir nicht wollen. Es zeigt außerdem, daß wir den idealen Lebensstil nicht mit unserer Wirklichkeit verbinden. Könnten diese Menschen auf der Kreuzfahrt einfach zugeben, daß sie eine vollkommene Wirklichkeit kreieren können, dann würden sie erkennen, wie sie sowohl bei sich Zuhause als auch in den Ferien den Sinn Ihres Lebens erfüllen können. Wenn ich entspannt Ferien mache, dann stelle ich mir vor, daß mein ganzes Leben entspannt ist und immer entspannt sein wird. Indem ich meine Aufmerksamkeit ausschließlich auf die Gegenwart richte und auf meinen entspannten Zustand, vermeide ich jeden Gedanken daran, mich damit zu befassen, was ich vielleicht in Zukunft einmal fühlen könnte.

Bedenken Sie, daß wir immer Beweise dafür finden, daß wir mit unseren Überzeugungen recht haben. Für die Personen, die auf der Kreuzfahrt nicht glauben wollten, daß ein vollkommener und entspannter Lebensstil real ist, ist das Flugticket nach Hause der beste Beweis. Aber für mich liegt der Beweis, daß mein vollkommener und entspannter Lebensstil real ist, in der Tatsache, daß ich erschaffe, was ich will, nämlich Entspannung. In dem Moment, wo wir ein herbeiphantasiertes Gefühl abwerten oder schlechtmachen, erleben wir lediglich den Gefühlszustand der dann gültigen Überzeugung. Unterstützt diese aber unseren Lebenszweck nicht, dann müssen wir uns entscheiden, sie fallenzulassen und uns nur auf jene Überzeugungen zu konzentrieren, die uns die Gefühle geben, die wir lieber haben wollen.

7.1 Das Haften an physischen Beweisen

*Wer sehen kann, ist meistens blind für die enorme
Energie, die dem visuellen Aspekt seiner
Bestrebungen innewohnt.*

Einer der Gründe, weshalb Menschen sich dagegen wehren, ihre Vorstellungskraft und Überzeugungen zur Veränderung unserer Wirklichkeit einzusetzen, liegt darin, daß sie die Welt lediglich vom physischen Standpunkt aus betrachten. Sie haben noch nicht gelernt, wie man die spirituelle und physische Wirklichkeit integriert. In der physischen Welt verändert die Vorstellungskraft keine Fakten, sie verändert lediglich die Art und Weise, wie wir auf Fakten reagieren.

Zum Beispiel: Wenn wir auf eine Brücke stoßen, die recht instabil aussieht, dann ist sie das wahrscheinlich auch. Unsere Vorstellungskraft auf diesen Sachverhalt anzuwenden, macht die Brücke nicht stabiler. Viele von uns wären wahrscheinlich enttäuscht und würden sich eventuell darüber beschweren, daß sie nun einen anderen Weg finden müssen. Welches Ziel verfolgen wir mit dem Überqueren einer Brücke? (Nein, wir wollen nicht nur ans andere Ufer gelangen.) Weshalb wollten wir ans andere Ufer? Wir wollen höchstwahrscheinlich zu einem Ort oder einer Person, der oder die uns Freude machen wird. Ist Freude das Ziel, dann ist das Überqueren der Brücke nicht essentiell – das Empfinden der Freude dagegen ist es.

Damit wir unser Ziel erreichen, können wir unsere Enttäuschung wegen der Brücke anerkennen, aber die nächste Überlegung muß sich wieder auf unseren Lebenszweck oder in diesem Fall auf die Freude konzentrieren. Ist es möglich Freude zu empfinden, obwohl wir die Brücke nicht überqueren können? Das hängt von Ihren momentanen Überzeugungen ab.

Wenn wir die erwartete physische Form für zu wichtig halten oder an ihr haften, erkennen wir meistens nicht, daß das, was wir wollen, bereits existiert. So höre ich beispielsweise jemanden über eine Person oder ein Objekt reden, die er gerne haben will. Und während er den gewünschten Gegenstand, den er haben möchte oder die Person, mit der er zusammen sein möchte, visualisiert, beginnt er an der Vorstellung oder dem Wunsch zu haften, daß das Objekt oder die Person sich in seinem Leben manifestiert. Wenn nun etwas oder jemand anderes in sein Leben kommt, verwirft er aber die Möglichkeit, daß dies seinem Wollen entsprechen könnte.

Wir müssen erkennen, daß unsere Erwartungen an die physische Form irrelevant sind. Wichtig ist vielmehr, daß wir die Gefühle erfahren, die wir empfinden wollen. Wenn ich gerne im Wald bin, ist es dann wichtig, ob ich im Schwarzwald, in Brandenburg, in Bayern oder in Sachsen bin? Natürlich nicht! Dennoch kann es sein, daß ich mir in meiner Meditation oder Visualisierung einen Wald in Sachsen vorgestellt habe. Bin ich jedoch der physischen Form meiner Vision nicht verhaftet, kann ich es mir gestatten, in einem anderen Land zu sein und die Gefühle zu empfinden, die ich visualisiert habe.

Als ich noch in einem Außenbezirk von Dallas im amerikanischen Bundesstaat Texas wohnte, saß ich immer wieder in Verkehrsstaus fest, mußte in Restaurants Schlange stehen, zu schönen Landschaften lange Autofahrten in Kauf nehmen und noch viel längere, um ans Meer zu gelangen. Ich beschloß, daß ich in einem dünn besiedelten Gebiet leben wollte, das sehr schön war und in dem man viel im Freien unternehmen konnte. Ich hatte mehrere Orte gefunden, die diesen Kriterien entsprachen und die *Essenz* dessen enthielten, was ich wollte. Weil ich nicht an einem bestimmten Ort oder Zeitrahmen haftete, war ich offen dafür, an jeden dieser Orte zu ziehen. Inzwischen begann ich mir vorzustellen, wie es sein würde, an einem dieser Orte zu leben. Ich stellte mir vor, wie ich zu Hause und nach einem selbst eingeteilten Zeitplan arbeitete und wie sehr ich die Umgebung mit Bergen, Wäldern und dem Meer genoß. Mit Hilfe meines Vorstellungsvermögens konnte ich erfahren, wie ich mich fühlen würde, wenn ich das Leben führen würde, das ich wollte. Zu diesem Zeitpunkt bekam ich also bereits das, was ich wollte, während ich immer noch in der Großstadt lebte. Ein Jahr später kaufte ich ein Haus in Oregon und zehn Monate später zog ich dorthin. Mein Leben ist genauso, wie ich es mir erschaffen habe.

7.2 Vorstellungen in das wirkliche Leben integrieren

Eine Vorstellung ist manchmal eine Erkenntnis, die nach Wirklichkeit sucht.

Wenn ich in einen Buchladen gehe, sehe ich oft kleine Büchlein mit Affirmationen an der Kasse. Diese Affirmationen erinnern uns daran, die Schönheit und Kraft unseres Daseins anzuerkennen. Wir werden gewissermaßen gebeten, die Affirmationen als Wirklichkeiten zu betrachten. Ich habe erkannt, daß Affirmationen nicht effektiv sind, es sei denn, wir sind von ihrer Richtigkeit überzeugt – in welchem Fall wir diese kleinen Büchlein oder die Affirmationen auch nicht brauchen. Und genauso hilft es uns wenig, wenn wir versuchen, uns selber mittels Affirmationen davon zu überzeugen, daß unser Leben besser wird.

Hier ist ein einfaches und preiswertes Verfahren, wie ich meine Vorstellungskraft in meinem Leben anwende: Ich wähle einen willkürlichen Aspekt meines Lebens aus und stelle mir die *Essenz* dessen vor, was ich will. Nachdem ich erst einmal weiß, was ich will, unterhalte ich mich manchmal mit mir selber, um mehr Klarheit in mein Leben oder meine Beziehungen zu bringen. In diesem Prozeß stelle ich mir selber Fragen und höre auf meine unmittelbare Antworten. Auf diese Weise erhalte ich intuitive Antworten, wenn ich mir nicht sicher bin.

Ich habe diese Art des Dialogs auch benutzt, um Kontakt mit Menschen aufzunehmen, die sich körperlich oder emotional an einem anderen Ort befinden. Kinder benutzen diese Technik, um ihr Lieblingskuscheltier oder eine Puppe zum Leben zu erwecken. Ich selber nutze mein Vorstellungsvermögen und visualisiere die betreffende Person. Dabei gehe ich soviel wie möglich ins Detail und stelle mir auch die Umgebung vor, in der sie sich gerade befindet. Habe ich erst einmal ein klares Bild vor Augen, dann unterhalte ich mich mental mit der jeweiligen Person. Da ich meine Vorstellungskraft nutze, kann ich die Unterhaltung genauso führen, wie ich es gerne möchte – statt sie so zu führen, wie ich denke, daß sie tatsächlich verlaufen würde.

Dieser Vorgang bringt meine Gefühlsenergie in Übereinstimmung mit meinem Ziel und scheint sich auch auf andere zu übertragen. Ich nutze diese Vorgehensweise auch im Geschäftsleben. Ich erinnere mich daran, daß mein Arbeitgeber mich einmal bat, nach Australien zu fliegen. Einer unser Kunden war unzufrieden mit der Leistung einer Maschine, die er von unserer Firma gekauft hatte. Die schlechte Leistung kostete den Kunden Produktivität und Umsatz. Das lokale Management der Zweigniederlassung in Sydney war offensichtlich nicht in der Lage, das Problem auf dem Verhandlungswege beizulegen.

Als ich ankam, sagte man mir, der Kunde sei unaufrichtig und sehr feindselig. Als ich ihn schließlich traf, verhielt er sich sehr kühl und war offensichtlich argwöhnisch. Die *Essenz* dessen, was ich wollte, war ein harmonisches und produktives Treffen mit dem Kunden. Während der Verhandlungen stellte ich mir vor, daß ich sein Herz in meinen Händen hielt und es sanft und liebevoll streichelte. Es war meine Absicht, seine Befürchtungen zu mindern und sein Vertrauen zurückzugewinnen. Er öffnete sich beinahe unmittelbar und wurde kommunikativer. Wir konnten eine annehmbare Lösung erreichen. Der Leiter unserer Zweigniederlassung war äußerst erstaunt und meinte, er hätte diesen Kunden noch nie so korrekt und kooperativ erlebt.

Wenn unsere Überzeugungen nicht auf Befürchtungen beruhen, dann brauchen wir uns nicht zu verteidigen und müssen auch keinen Widerstand leisten, wir müssen nicht feindselig agieren oder zurückschlagen und wir müssen keinen Groll hegen. In der Folge haben Menschen größeres Vertrauen zu uns, öffnen sich und kommunizieren ehrlicher mit uns. Letztlich profitieren wir von förderlichen Beziehungen, die uns erfüllen. Ich glaube, wenn wir uns auf die *Essenz* dessen konzentrieren, was wir wollen, dann befinden wir uns auch in Einklang mit dem Sinn unseres Lebens. Wir beginnen an die Möglichkeit zu glauben, in einer anderen, emotional erfüllenden Wirklichkeit zu leben.

Kapitel acht

Wie man es *sehen* kann

Blumen sind mehr als nur ein schöner Anblick.

Die meisten Menschen glauben, die physische Realität definiere ihre Lebenserfahrung. Wir befinden uns daher in einem Dilemma, wenn wir versuchen, spirituelle Erfahrungen innerhalb der physischen Realität zu machen. Mit anderen Worten: Wir wollen einen physischen Beweis dafür, daß unsere spirituellen Erfahrungen real sind.

Das erklärt vielleicht auch, weshalb manche Menschen in einem unbewußten Zwiespalt bezüglich der Wirklichkeit stecken. Sie beurteilen ihre Vorstellungen ganz unterschiedlich. Sie halten ihre schmerzhaften Erinnerungen und Befürchtungen für realer als ihre Phantasien. Wie bereits erwähnt, verlangen wir nicht die gleichen physischen Beweise für unsere Befürchtungen, wie wir sie für unsere Phantasien verlangen. Befürchtungen, die auf Erinnerungen beruhen, scheinen deshalb real zu sein, weil man ohne weiteres sagen kann: „Ich habe es in der Vergangenheit erlebt."

Wir können aber keinerlei spirituelle Erfahrung machen, wenn wir uns auf die physische Manifestation unserer Erfahrungen konzentrieren. Wie ich bereits erklärt habe, können wir uns immer nur auf *ein* Gefühl konzentrieren. Egal, worauf wir uns konzentrieren, es wird unsere Erfahrungen beeinflussen. Orientieren wir uns am Sinn unseres Lebens, so steigern wir damit die Chance, daß wir erfreuliche Erfahrungen machen, die wir genießen. Bestehen wir jedoch darauf, die physische Manifestation unserer Phantasien zu erleben, so hindert uns das automatisch daran, dauerhafte spirituelle Erfahrungen zu machen und an die Realität dieser Erfahrungen zu glauben. Damit wir, solange wir in unserem Körper leben, in einem spirituellen Zustand bleiben können, müssen wir bereit sein, fortwährend jene Überzeugungen zu hegen, die die gewünschten spirituellen Erfahrungen unterstützen.

Indem wir spirituelle Phantasien als Überzeugung in unser Leben integrieren, beginnen wir, in einem spirituellen Zustand zu leben. Die meisten von uns haben relativ viel Erfahrung mit dem spirituellen Zustand der *Befürchtungen*. Stellen Sie sich statt dessen vor, wie es wäre, das Leben in einem spirituellen Zustand der *Phantasie* zu leben. Wir würden Frieden spüren und entspannt sein. Unser Leben würde sich dramatisch ändern, weil wir uns keine Sorgen mehr machen müßten. Wir könnten ganz entspannt unseren Alltag angehen. O ja, vielleicht haben wir auch mehr Freizeit, weil wir nicht mehr stundenlang meditieren oder Seminare besuchen „müssen", damit wir weiterkommen. Außerdem könnten wir viel Geld sparen, weil wir keinen Alkohol, keine Drogen, Zigaretten oder andere Suchtmittel mehr bräuchten, mit denen wir unsere Unsicherheit oder Niedergeschlagenheit überspielen.

Viele Menschen vermischen pausenlos ihre physischen und spirituellen Realitäten. Jedesmal, wenn wir den Fernseher einschalten, oder ins Kino gehen, betreten wir eine Welt der Phantasie. Je mehr wir uns auf die Welt auf dem Bildschirm oder der Kinoleinwand einlassen, desto mehr ändert sich unser Gefühlszustand. Wir lachen, weinen, haben Angst oder fühlen uns ausgelassen, je nachdem, wie sehr wir an das glauben, was wir dort sehen. In der physischen Wirklichkeit ändert sich rein gar nichts, wir sitzen da, manchmal sogar stundenlang. Häufig zieht die Phantasiewelt oder spirituelle Wirklichkeit uns dermaßen in ihren Bann, daß wir nichts mehr von der Person mitbekommen, die direkt neben uns sitzt.

Solange wir den Film sehen, können wir uns vorstellen, die Wirklichkeit sei anders. Wir können unser Vorstellungsvermögen aber auch benutzen, wenn wir keinen Film sehen. Der Film spiegelt lediglich das Vorstellungsvermögen eines anderen Menschen. Der Drehbuchautor nutzte seine Vorstellungskraft in der Absicht, Ihnen eine bestimmte Erfahrung zu geben – Sie sollen seine phantasierte Wirklichkeit erleben. Wir alle haben die Macht, andere und uns selber mit Hilfe unseres Vorstellungsvermögens zu beeinflussen. Aber Filme haben ein Ende – unsere Vorstellungskraft hingegen kennt kein Ende. Wir können unser Leben lang von ihr profitieren, in jedem Moment. Dennoch zählt einzig jene Wirklichkeit, die wir deshalb erfahren, weil wir uns für sie entschieden haben. Weshalb also nicht unser Vorstellungsvermögen dazu nutzen, um unser Lebensziel zu erfüllen?

Wenn Sie glauben, dies sei alles viel zu einfach, könnte es dann sein, daß Sie die Überzeugung hegen, das Leben sei schwierig, kompliziert und voller Probleme? Weshalb glauben Sie, ist das Leben schwierig? Hat jemand Ihnen erzählt, daß es so sein muß? Erinnern Sie sich an all die Kämpfe, die Sie durchstehen mußten? Haben Sie die Nachrichten im Fernsehen gesehen? Hat Ihr

Arzt Ihnen etwa gesagt, sie seien krank oder würden gar in Kürze sterben?

Ja, es gibt eine Menge Beweise dafür, daß das Leben schwierig ist. Und solange Sie sich auf diese Schwierigkeiten konzentrieren, werden Sie keine Bestätigung dafür finden, daß das Leben eine freudige, leichte Angelegenheit ist. Ja, es gibt eine Menge Beweise dafür, daß das Leben auch wundervoll ist. Sie müssen bereit sein, Ihre Überzeugungen zu wandeln, wenn Sie das Wunder Ihres Lebens sehen wollen.

8.1 Die Beurteilung der Wirklichkeit

Wenn Möglichkeiten sich in Erwartungen verwandeln, leben wir nicht mehr gemäß dem Sinn unseres Lebens.

„O, ich hab's! Dies ist eines der vielen Bücher über positives Denken." Wenn Sie an die Kraft positiven Denkens glauben, Gratulation! Aber dieses Buch handelt nicht von positivem Denken. Dieses Buch handelt davon, die Beurteilung Ihres Lebens als etwas Positives oder Negatives loszulassen. Ich befasse mich insbesondere mit dem Thema, wie unsere Überzeugungen uns dabei helfen können, von uns gewünschte Gefühle zu erfahren, ohne sie als positiv/negativ, gut/schlecht oder richtig/falsch zu kategorisieren. Unsere Urteile sind absolut subjektiv und wir bewerten unsere Situation meist anhand eines einzigen Standbilds.

Zum Beispiel: Wie beurteilen Sie Trauer? Halten Sie es für ein negatives oder für ein positives Gefühl? Manche Leute betrachten es als ein negatives Gefühl, weil Trauer schmerzlich ist. Andere bezeichnen es als ein positives Gefühl, weil die Trauer uns hilft, mit unserem Verlust umzugehen, so daß wir letztlich wieder Freude erfahren können.

Der Punkt ist jedoch, daß eine Beurteilung dieses Gefühls gar nicht erforderlich ist. Trauernde Menschen empfinden nur in dem Moment Trauer, in dem sie dieses Gefühls tatsächlich fühlen. Sie glauben, sie hätten etwas oder jemanden verloren, der ihnen wichtig ist. Es ist ihr gutes Recht, den Verlust, den sie wahrnehmen, anzuerkennen und solange zu trauern, wie sie wollen. Wenn sie den Schmerz nicht mehr spüren wollen, werden sie eine andere Überzeugung annehmen, die sie darin unterstützt, das nächste Gefühl zu empfinden. Die meisten Urteile, die wir in unserem Leben fällen, hindern uns daran, den Sinn unseres Lebens zu erfüllen.

Unsere wichtigsten Urteile beziehen sich auf Kategorien und auf Vergleiche. Bei Signierstunden zu meinem Buch bemerke ich oft, daß Menschen beschließen, das Buch zu kaufen, weil ich ihrer Meinung nach in eine bestimmte Kategorie passe. Sie fragen mich, ob ich einer bestimmten Religion anhänge oder eine politische Richtung vertrete. Ich sage ihnen dann einfach, daß ich in keine Schublade passe und bitte sie, ihr eigenes Bewußtsein zu nutzen, und so herauszufinden, _wer_ und nicht was ich bin. Diejenigen, die gerne kategorisieren und vergleichen, beurteilen mich daraufhin dennoch, aber sehr subtil. Hinter jeder Kategorie, die wir anlegen, stehen sekundäre Überzeugungen, die diese mit Beweisen unterstützen. Die sekundären Überzeugungen führen zu Erwartungen und

Klischees. Nachdem wir erst einmal ein Klischee im Kopf haben, liegt die Erfahrung der Welt fest. Kategorien sind daher bereits ein Urteil und können unsere Fähigkeit einschränken, frei von Klischees zu leben, die an sich bereits durchaus bedrohlich wirken können. Ohne Kategorien bleiben uns lediglich Beschreibungen und wir sind offener. Dadurch können wir sehr viel leichter über die Welt staunen, weil wir jedem Moment frisch und neu begegnen.

Wenn Sie gerade im Freien, oder in der Nähe eines Fensters sind, dann schauen Sie sich einen Baum an. Sehen Sie sich anschließend nach einem Möbelstück um, das aus Holz gefertigt wurde. Wenn Sie den Baum mit dem Möbelstück vergleichen, was ist Ihrer Meinung nach der Unterschied zwischen beiden? *Das hängt von Ihrer Überzeugung ab.* Die Art und Weise, wie wir die Dinge kategorisieren, ändert unsere Perspektive und unsere Erfahrung der Dinge. So könnte man beispielsweise sagen, daß der Baum aus Holz besteht und das Möbelstück aus einem Baum gemacht wurde. Sie würden das Möbelstück wahrscheinlich anders behandeln, wenn Sie es für einen Baum halten würden, genauso wie sie den Baum anders behandeln würden, wenn Sie ihn nur für ein Stück Holz hielten. Sie sehen also, in welche Kategorie wir die Dinge einordnen und mit welchem Etikett wir sie versehen, hat großen Einfluß darauf, wie wir sie sehen und mit ihnen umgehen. Unsere Worte sind oft mehr als nur eine Beschreibung.

8.2 Kategorien der Wirklichkeit

Sie haben Ihr Leben nicht unter Kontrolle; Sie können nur beeinflussen, wie Sie es erfahren.

Wenn wir unser Leben in Kategorien einteilen und mit Etiketten versehen, dann kommt es uns oft langweilig vor. Wir betrachten eine neue Chance und sagen: „Ach ja, das habe ich doch schon mal gemacht." Dabei erkennen wir nicht, daß die Umstände sich geändert haben. Wir nehmen aufgrund unserer, durch Urteile beeinträchtigten Wahrnehmung an, daß wir dasselbe erleben werden wie beim letzten Mal. Wenn wir beispielsweise eine Frau treffen, die uns an eine alte Freundin erinnert, oder an eine Chefin, mit der wir schlechte Erfahrungen gemacht haben, dann gehen wir wahrscheinlich auf Distanz. Trotz der Tatsache, daß es sich um völlig andere Umstände und um eine andere Personen handelt, glauben wir, die neue Bekannte würde die vergangenen Erfahrungen wieder aufleben lassen. Wir hegen Befürchtungen und betrachten die neue Situation somit als gefährlich.

Kategorisierungen führen zu Urteilen, Erwartungen, Befürchtungen und Unbeweglichkeit. Die Menschen, die anscheinend am meisten Erfolg haben und am glücklichsten sind, bleiben offen und betrachten das Leben nicht als risikoreich oder als eine Reihe von Wiederholungen. Sie lassen sich weder von Kategorien noch von Klischees einengen.

Wie viele von uns etikettierte die Comicfigur Popeye sich selber; in seinem Fall mit: „Ich bin Popeye der Seemann." Er sagte oft auch: „Ich bin, was ich bin." Das

Schöne an dem zweiten Zitat ist die Tatsache, daß er sich mit seinen menschlichen Erfahrungen identifizierte, ohne sie durch den Filter seiner Nationalität, seines Geschlechts, seiner ethnischen, religiösen oder politischen Zugehörigkeit, seiner sexuellen Ausrichtung oder seiner beruflichen Laufbahn zu betrachten. Popeye ordnete sich nicht in ein Klischee ein oder identifizierte sich mit einer Gruppe (Amerikaner, weiß, männlich, heterosexuell, Seemann usw.) Statt dessen übernahm er die Verantwortung dafür, derjenige zu sein, der er sein wollte. Glauben Sie, Sie könnten sein, wer Sie wirklich sind. Oder sind Sie der Meinung einer Gruppe angehören zu müssen, um sich sicher zu fühlen und akzeptiert zu wissen? Wenn Sie sich dazu entscheiden, Menschen nicht zu kategorisieren, können Sie sich in sehr vielen Situationen wohl fühlen – in Übereinstimmung mit Ihrem Lebenszweck und dem Ihres Gegenübers.

Ich bin davon überzeugt, daß Gruppenbewußtsein kein Ersatz für ein individuelles Bewußtsein ist, ebensowenig wie das Selbstbewußtsein der Gruppe dem eigenen auch nur nahekommt. Obwohl viele Menschen behaupten, daß es ihnen ein gutes Gefühl gibt, Teil einer Gruppe zu sein, sehe ich dabei oft, daß diese Leute die Verantwortung für das, was sie als Individuum erschaffen wollen, ablegen. Manchmal, wenn wir glauben, wir seien Teil einer Gruppe, müssen wir uns der Gruppe unterordnen, um ihr und unser Selbstbild aufrechtzuerhalten. In unserem Leben können wir uns jedoch entweder auf unser Selbstbild konzentrieren oder auf unsere *Essenz* und den Sinn unseres Lebens.

Entdeckung der Liebe

*Den Himmel meines Vorstellungsvermögen
durcheilend
Sprudelnd in den Kaskaden meines Blutkreislaufs
Im Glauben an die Berge, die
Die Landschaft meiner Seele überragen
Strömt mein Herz über und sprüht nebligen Tau
Jeden Tropfen der Ewigkeit beachtend, der
Für einen Moment
Sich in der Atmosphäre meines Denkens auflöst
Die Überzeugung weckend, das Leben sei mein
Geschöpf
Meinen Geist belebend zum duftenden Gipfel
Lebendig in Gleichmut und selbstloser Majestät
Teile ich mit Dir diese Wirklichkeit der Liebe*

Teil drei

Von der Magie zum Wunder

Kapitel neun

Überzeugungen, die zum Erfolg führen

Den eigenen Wert zu kennen, ist die größte Auszeichnung, die es gibt.

Glauben Sie, Sie seien erfolgreich, auch wenn Sie nicht berühmt sind und viel Geld haben? Wie definieren Sie Erfolg? Viele Jahre war Erfolg für mich eine rein materielle Angelegenheit. Aber obwohl ich natürlich den Komfort von Gütern und Geld schätze, habe ich entdeckt, daß mein Lebensziel auf immaterieller Ebene liegt. Denn es besteht darin, das Leben anderer Menschen zu bereichern. Weiterhin bin ich auch davon überzeugt, daß ich dafür einen Ausgleich erhalte. Ihnen ist sicher aufgefallen, daß diese Überzeugung eine Erwartung beinhaltet. Sie sehen aber auch, daß die Erwartung keine materielle Komponente beinhaltet. Bei der Kompensation hafte ich nicht an einer physischen Form, also an Geld, das ich verdienen werde oder auch nicht.

Zum Beispiel: Dieses Buch ist noch nicht fertig und ich habe auch noch kein Honorar dafür erhalten. Während ich aus meinem Fenster blicke, sehe ich die wunderbare Landschaft, die sich dort ausbreitet und empfinde Freiheit, Frieden und Freude. Ich weiß auch, daß ich mich nicht freier, friedvoller oder freudiger fühlen würde, wenn ich einige Millionen auf meinem Konto hätte. Wenn wir also unsere *Essenz* erfahren, hat unsere materielle Wirklichkeit keinerlei Bedeutung.

Einige Kritiker dieser Ansicht widersprechen mit der Auffassung, daß man seine *Essenz* garnicht erfahren könne, solange man nicht über ein Mindestmaß an materiellem Wohlstand verfüge. Wir könnten diese philosophische Frage natürlich endlos debattieren. Ziel dieses Buches ist es aber nicht, nachzuweisen, daß die Überzeugung anderer falsch sein könnte. Ich will in diesem Buch vielmehr meine Empfindungen mit Ihnen teilen und erzählen, wie ich meine Überzeugungen dazu nutze, mein Lebensziel zu erfüllen und ein erfolgreiches Leben zu führen. Jeder Mensch ist – ungeachtet der Umstände – selber dafür verantwortlich, zu entscheiden, welche Überzeugung ihm am besten hilft, gemäß seiner *Essenz* zu leben.

9.1 Überzeugungen im Hinblick auf Geld

*Nachdem Sie alle Rechnungen bezahlt haben,
schulden Sie sich selber noch etwas.*

Sowie es ums Geld geht, werden viele Überzeugungen aktiviert. Mir scheint, die herrschende Überzeugung in dieser Hinsicht lautet in etwa, daß wir nicht genügend Geld haben, oder daß wir das Geld, das wir besitzen, sowieso wieder verlieren. Wir werfen reichen Leuten auch gerne vor, daß sie ihr Geld horten. Es gibt sicherlich Menschen, die unverhältnismäßig viel Geld haben, aber sie horten es für gewöhnlich nicht unter der Matratze. In kapitalistischen Gesellschaften wird das Geld gewöhnlich in einen Geldkreislauf eingespeist, als Kredit, Gehalt, Dienstleistung, Produkt und so weiter.

Geld ist lediglich die allgemein anerkannte Form, einen Wert zu übertragen, den man *annimmt*. Wenn Sie davon überzeugt sind, Ihre Werte auf andere Art und Weise übertragen zu können, brauchen sie vielleicht kein Geld – oder sehr viel weniger. Vielleicht tauschen Sie Waren und Dienste. Ich möchte hier lediglich betonen, daß es keinen Geldmangel gibt. Geld ist nur bedrucktes Papier und bearbeitetes Metall. Die Herausforderung für viele Menschen besteht offensichtlich darin, ihren Wert auf Papier und Metall zu übertragen. Wenn Sie glauben, nicht viel wert zu sein, empfangen Sie auch wenig Geld. Sind Sie hingegen überzeugt, sie könnten viel geben, was einen großen Wert hat, dann werden Sie bemerken, daß Menschen für jenen Wert bezahlen, den Sie ihrer Meinung nach zu geben haben.

Viele Menschen verstehen nicht, wie sehr sie das Leben anderer bereichern. Das gilt sowohl auf professioneller als auch auf persönlicher Ebene. Wenn ich Menschen frage, wie hoch sie ihren Wert einschätzen, dann kämpfen sie oft mit dieser Frage. Also formuliere ich die Frage neu und frage, welchen Wert sie dem Leben anderer hinzufügen. Wir müssen den Bestand unserer Persönlichkeit, unserer Erfahrung, unseres Wissens, unseres Bewußtseins, unserer Absichten, unserer Überzeugungen und unseres Lebensziels aufnehmen, um unseren wahren Wert festzustellen.

Wird uns erst einmal bewußt, wie sehr wir das Leben anderer aufwerten, dann wird uns vielleicht auch klar, wieviel Geld sie im Tausch dafür ausgeben würden. Viele Menschen haben mir erzählt, ihr Wert entspreche ihrem momentanen Gehaltsscheck. Andere wiederum meinten, sie seien das doppelte oder dreifache wert. Ich verstehe allerdings nicht, wie Menschen ihren Wert so einschränken können. Ich glaube, daß mein Wert keine Grenzen kennt. Weiterhin betrachte ich meinen Wert als Indikator für den Erfolg, den ich dabei habe, den Sinn meines Lebens zu erfüllen.

Ich messe meinen Wert nicht nur finanziell (wie ich es früher getan habe). Ich messe meinen Wert vielmehr daran, wie sehr ich mich selber und mein Leben schätze. Mir ist klar: Solange ich den Sinn meines Lebens in allem erfülle, was ich tue, stelle ich eine außerordentliche Bereicherung für das Leben anderer Menschen dar. Es gehört zu meinem Lebensziel, mich als frei, kreativ, fröhlich, friedlich und freigebig zu empfinden. Der Ausgleich dafür, daß ich gemäß meiner *Essenz* lebe, besteht in Geld, engen Freundschaften, der Freigebigkeit anderer mir gegenüber, in Geschenken, Briefen und vor allem in innerem Frieden, Liebe und dauerhafter Freude.

Leider erlauben wir es dem Geld oft, uns zu beherrschen und machen uns nicht bewußt, daß es ja eigentlich unsere Überzeugungen sind, die uns in dieser Hinsicht beherrschen. Wenn wir glauben, daß Geld das einzige Mittel ist, unseren Wert anzuerkennen, dann empfinden wir keine Erfüllung, es sei denn, wir verfügen über ausreichende Mittel. Aber, damit Überfluß in unser Leben tritt, müssen wir das Gefühl haben, wir hätten ihn verdient. Solange wir an der Überzeugung festhalten, wir seien ein Niemand, wenn wir kein Geld haben, sorgen wir dafür, daß wir unser Lebensziel verfehlen. Wie aber wollen wir emotionalen Reichtum erlangen, wenn wir, spirituell gesehen, arm sind?

9.2 Emotionalen Wohlstand schaffen

Ihr wahrer Reichtum liegt im Wert jener Überzeugungen, die Ihrem Lebensziel dienen.

Menschen mit einem guten Einkommen empfinden trotz ihres Wohlstands häufig dennoch keine Erfüllung im Leben. Ich würde mich allerdings auch lieber mit Geld unerfüllt fühlen also ohne. Wie dem auch sei, ich habe beschlossen, mein Glück zu kreieren, egal wie meine finanzielle Situation gerade aussieht.

Wenn wir unglücklich sind, sind wir das unabhängig von unserem Kontostand. Wir können nicht in einen Laden gehen und ein großes Glas Glück kaufen – und auch das Gegenteil läßt sich nicht erwerben. Wenn wir davon überzeugt sind, daß Geld eine Mangelware ist, dann werden wir auch befürchten, daß nicht genug für uns da ist. Jede Überzeugung, die zu Befürchtungen führt, kann uns ganz leicht beherrschen. Wir fördern unser Lebensziel ganz wesentlich, wenn wir uns für Überzeugungen entscheiden, die den Fluß von Geld und anderen Formen der Kompensation in unserem Leben zulassen.

Denken Sie ein wenig über Ihr Leben und darüber nach, welche Formen der Kompensation Sie zulassen nach: Gehören die emotionalen Belohnungen, die Sie sich wünschen, auch dazu? Wenn Sie keine Erfüllung empfinden und sich nicht erfolgreich fühlen, dann leben Sie wahrscheinlich nicht im Einklang mit Ihrer *Essenz* und erfüllen den Sinn Ihres Lebens nicht. Haben Sie jedoch großen emotionalen und spirituellen Erfolg, dann werden Sie entdecken, daß Sie weit mehr wert sind, als auf Ihr Bankkonto paßt.

Damit wir erfolgreich sein können, müssen wir vielleicht unsere Definitionen oder Überzeugungen darüber ändern, was Erfolg für uns bedeutet. Erfolg hat, ähnlich wie die Liebe, für verschiedene Menschen oft eine unterschiedlichere Bedeutung. Der bedeutendste Bestandteil des Erfolgs ist jedoch die Freude, die wir empfinden. Je mehr Freude wir verspüren, desto mehr Erfolg schaffen wir und desto mehr werten wir das Leben anderer auf. Das ist eine ganz einfache Formel und ich habe noch nie einen unglücklichen Menschen seinen Erfolg genießen gesehen. Sie vielleicht?

Oft freuen Menschen sich deshalb nicht über ihren Erfolg, weil sie in den Tiefen ihrer Seele befürchten, deswegen auf Ablehnung zu stoßen. Sie verbinden Ablehnung mit Versagen. Daher befassen sie sich ausschließlich damit, wie andere sie wahrnehmen. Manche Leute haben das Gefühl, sie müßten ihren Erfolg dadurch zeigen, daß sie andere mit einem gesellschaftlich akzeptablen Image beeindrucken.

Ich nenne diese Form der Täuschung Erwachsenentheater, weil wir vorgeben, jemand zu sein, der wir gar nicht sind. Wenn wir dieses Theater spielen, handeln wir nicht wie ein Erwachsener, sondern so als seien wir noch in der Pubertät, in der wir gesteigerten Wert auf die Anerkennung unseresgleichen und unserer Eltern legen. Wir geben dann nicht zu, unglücklich zu sein, denn wir glauben, man wird uns ablehnen, wenn wir traurig, deprimiert oder einsam aussehen. Sowie die Angst vor Ablehnung auftaucht, hören wir auf, uns als erfolgreich zu betrachten. Wir glauben einfach nicht, den Erfolg verdient zu haben und sind unsicher, was die anderen wohl sagen oder denken werden. Andere Menschen zur Steigerung des eigenen Selbstwertgefühls zu benutzen, untergräbt jeglichen Erfolg. Wir müssen uns selber vertrauen und von unserer Wahrheit überzeugt sein, um kein Image zu kreieren, sondern unsere *Essenz*. Wir alle tragen die Verantwortung dafür, uns eigene individuelle Kriterien für den Erfolg zu setzen, die weit über die traditionelle Überzeugung über Geld hinausgehen.

Kapitel zehn

Was ist eigentlich *Liebe?*

*Nur die Pioniere der Seele entdecken, was wahre
Liebe ist.*

Damit wir uns großartig fühlen, müssen die meisten von
uns davon überzeugt sein, daß wir wunderbar und liebenswert sind. Allerdings scheinen viele Menschen sich
mehr darauf zu konzentrieren, Liebe zu *empfangen* statt
sie zu *empfinden*. Das zeigt ihre Überzeugung, Liebe sei
an Bedingungen geknüpft und basiere darauf, was sie
vom anderen empfangen oder erwarten. Es liegt daher
auch auf der Hand, daß sie deshalb nach Beweisen dafür
suchen werden, daß sie geliebt werden. Aber um Liebe zu
empfinden, brauchen wir keine Beweise. Dennoch fühlen
wir uns nicht geliebt, wenn es keinerlei sichtbare Beweise
dafür gibt. Ich habe beschlossen, zu lieben und diese
Liebe nicht an Bedingungen oder Beweise zu knüpfen.

Was aber bedeutet eigentlich das Wort *Liebe?* Ich ha-
be Leute schon oft gefragt, wie sie einem Außerirdischen
erklären würden, was *Liebe* ist. Stellen Sie sich vor, ein
Marsbewohner würde auf der Erde landen und Sie fragen:
„Was ist das eigentlich, was ihr Menschen Liebe nennt?"
Wie würden Sie antworten? Mir ist aufgefallen, daß die

meisten diesen Begriff unterschiedlich interpretieren. Mit
so vielen verschiedenen Interpretationen und Erwartungen kann es nicht überraschen, daß es uns oft schwerfällt,
liebevolle und dauerhafte Beziehungen aufzubauen. Eins
steht fest: Da wir alle die Liebe als etwas Unterschiedli-
ches kennen, sind unsere Überzeugungen in dieser Hinsicht ganz offensichtlich dafür verantwortlich, wie wir sie
erfahren.

Erstaunlicherweise gibt es auch Menschen, die einfach
zugeben, daß sie nicht wissen, was Liebe ist. Andere
behaupten, daß man Liebe empfindet, wenn einem ein
anderer Mensch wichtiger ist als man selbst. Wer in einer
Beziehung verletzt worden ist, meint möglicherweise,
daß Liebe schmerzhaft ist. Ich bin mir jedoch sicher, daß
all diese Überzeugungen nicht helfen, sich selber als
Quelle der Liebe zu betrachten.

Wenn Liebe ein Gefühl ist, wie würden Sie dem
Marsbewohner dieses Gefühl beschreiben und woher,
würden Sie sagen, kommt es? Manche Menschen glauben, das Ausmaß ihrer Liebe zeige sich darin, wieviel
Trauer sie empfinden würden, wenn die geliebte Person
aus ihrem Leben verschwände. Das ist vielleicht der
Grund, weshalb Menschen einen Unterschied machen
zwischen der Liebe für Eltern, für Säuglinge, für Kinder,
für Freunde und für intime Geliebte.

Als ich diese Frage bei mir selber erforschte, habe ich
entdeckt, daß Liebe ein Zustand der Hochschätzung und
Freude ist. Wenn ich mich selber schätze und die Vollkommenheit meines Wesens anerkenne, dann kann ich
diese Vollkommenheit mit allen teilen (ich *gebe* sie ihnen
daher nicht). Das ist ein emotionaler Gewinn, nicht nur,
weil diese Einstellung nicht auf der Furcht basiert, ich
könne die Liebe wieder verlieren, sondern weil ich an-

dauernd kreativ sein kann. In der Folge beschließe ich, immer den Gefühlszustand der Liebe zu erfahren, wenn ich mit anderen zusammen bin, egal in welcher Beziehung sie zu mir stehen.

Stille Bewunderung, Sprache und Berührung sind Wege, unsere Liebe mit anderen zu teilen oder ihnen unsere Wertschätzung zu zeigen. Ich hörte den Ausdruck „Liebe machen" das erste Mal, als ich noch recht jung war und dachte, es bedeute, Liebe mitteilen. Dann hörte ich immer öfter Radio und sah Filme. Nach einer Weile verstand ich den Begriff anders, denn nun dachte ich, daß Leute Liebe *machten*, wenn sie sexuellen Verkehr hatten. Obwohl es aus meiner heutigen Sicht lachhaft ist, glauben viele Leute auch heute noch unbewußt, daß sie Liebe produzieren, wenn sie sexuellen Verkehr haben.

Viele haben durch schmerzliche Erfahrungen gelernt, daß Sex nicht zu Liebe führt. Sex führt zu körperlicher Erregung und vielleicht zu einem zeitweiligen Gefühl körperlicher Verbundenheit. Wer darauf besteht, daß Sex zu emotionalen Bindungen führt, den fordere ich auf, seine Überzeugungen in diesem Bereich zu überprüfen. Glauben Sie, daß eine emotionale Verbindung durch Sex entsteht oder vielleicht einer anderen Quelle entspringt, beispielsweise der Tatsache, daß die Partner sich gegenseitig schätzen? Solange wir nicht wissen, wie wir Liebe auf nicht–sexuelle Art und Weise erschaffen und mit anderen teilen können, werden wir die Fülle der Liebe wohl niemals kennenlernen.

Ich sage Menschen, die ich schätze, oft, daß ich sie liebe. Wenn ich sie noch nicht sehr lange kenne, erwidern sie öfters: „Wie kannst Du das sagen? Du kennst mich doch gar nicht." Ich antworte dann immer, daß ich lediglich ausdrücke, was ich fühle und daß sie weder die Ursa-

che, noch verantwortlich für meine Gefühle sind. Mit
dieser Äußerung ernte ich in den meisten Fällen ziemlich
verwirrte Blicke.

Ich bin davon überzeugt, daß Liebe, Glück, Haß und
Traurigkeit auf Überzeugungen beruhen, die wir angenommen haben. Meistens fragt dann jemand: „Was, wenn
jemand Dir etwas Schlimmes antut – liebst Du ihn dann
immer noch?" Was ich fühlen möchte, ist immer mein
Privileg. Aber weshalb sollte ich mir eine Situation vorstellen, die von meiner Freude gar nicht unterstützt wird?
Falls jemand etwas „Schlechtes" tut, werde ich mich zu
seiner Zeit damit befassen. Ich habe entdeckt, daß ich
weniger Schmerz in meinem Leben erfahre, je weniger
schmerzvolle Situationen ich mir ausmale oder vorstelle.
Je mehr ich mir liebevolle Bilder vorstelle, wenn ich
Menschen zum ersten Mal treffe, desto mehr Liebe erfahre ich.

Obwohl dies eine offensichtlich leichte und einfache
Art und Weise ist, mit Liebe zu leben, können viele diesen Weg nicht erkennen, weil sie Liebe anders definieren
und andere Erwartungen an sie herantragen. Ich habe
mich in meinem Leben für *bedingungslose Liebe* entschieden. Das bedeutet, daß ich meine Wertschätzung
und liebevollen Gefühle auf alle Dinge und Wesen in
meinem Leben projiziere.

Wenn mir klar wird, daß ich keine bedingungslose
Liebe empfinde, weiß ich, daß meine derzeitige Überzeugung mich davon abhält, den Sinn meines Lebens zu
erfüllen. Zunächst betrachte ich dann die Überzeugung
genauer, die bei mir Befürchtungen und Urteile hervor-
ruft. In fast allen Fällen erkenne ich, daß ich mich damit
nicht verbunden, offen und liebevoll fühle. Befinde ich
mich wieder im Einklang mit meinem Lebensziel, dann

entdecke ich die liebevolle Seite der anderen, die vielleicht nur von ihren Ängsten überlagert ist. Befinde ich mich im Einklang mit meiner *Essenz*, dann bemerke ich, daß auch andere in meiner Gegenwart weniger Befürchtungen und Urteile hegen.

Nachdem wir beschlossen haben, mit bedingungsloser Liebe zu leben, müssen wir diese Liebe jedoch nicht die ganze Zeit hindurch empfinden. Denn es ist möglich, daß Sie als bedingungslos liebende Person im Moment entscheiden, liebevolle Gefühle zu empfinden. Die einzige Bedingung für bedingungslose Liebe ist Liebe. Uns eines Urteils über uns selber zu enthalten, gibt uns immer die Möglichkeit, unseren liebevollen Geist wieder anzunehmen, ohne uns schuldig oder beschämt zu fühlen. **Bedenken Sie: Unsere Gefühle sind der Prüfstein unserer Überzeugungen.**

10.1 Überzeugungen über Beziehungen

Würden Sie anders mit sich umgehen, wenn Sie sich liebten?

Die Überzeugungen, die wir über Beziehungen hegen, befassen sich offensichtlich mit dem schwierigsten Lebensbereich überhaupt. Trotz der Tatsache, daß wir seit der Geburt andauernd in Beziehung zu anderen Menschen stehen, haben wir immer noch damit zu kämpfen, die *Essenz* zu kreieren, die wir in Beziehungen kreieren wollen. Wenn ich Menschen danach frage, welche Eigenschaften eine Beziehung haben soll, antworten sie mir oft, daß sie es nicht wissen. Manche beschreiben die körperlichen Merkmale des gewünschten Partners, oder sie listen den Beruf, seine Hobbys oder auch die Interessen auf, die er haben sollte.

Ein alleinstehender Mann Anfang vierzig sagte beispielsweise, daß er nun zum ersten Mal in seinem Leben für die Ehe bereit sei, falls er die perfekte Partnerin finden würde. Diese beschrieb er allerdings ziemlich oberflächlich. Etwas später im Gespräch fragte ich ihn, ob er denn selber perfekt sei. Er antwortete: „Natürlich nicht! Niemand ist vollkommen." Also fragte ich ihn weiter: „Wenn niemand vollkommen ist, wie willst Du denn jemals die perfekte Partnerin finden?" Ihm wurde schnell klar, weshalb er noch immer Single war: Er hegte in dieser Hinsicht widersprüchliche Überzeugungen und Erwartungen. Zweifelsohne hätte eine perfekte Frau, falls sie sich denn überhaupt auf eine Ehe eingelassen hätte, es sehr, sehr schwer gehabt, von ihm akzeptiert zu werden. Denn er war ja der Meinung, es gäbe keine vollkommenen Menschen.

Eine weit verbreitete Überzeugung lautet, daß man mit jemandem, der dieselben Interessen hat wie man selber, gut auskommt und glücklich wird. Gemeinsame Aktivitäten sind ein großartiger Eisbrecher in Beziehungen, aber ich denke, daß Sie – ebenso wie ich – Menschen kennen, die zwar gerne die gleichen Dinge tun, aber dennoch nicht gut miteinander auskommen. Das gilt auch für Menschen, die Mitglied der gleichen sozialen Gruppierungen, Firmen, Teams und anderer Organisationen sind. Offensichtlich führen gemeinsame Interessen allein nicht unbedingt zu harmonischen Beziehungen.

Das essentielle Element einer erfolgreichen Beziehung besteht darin, daß beide Partner wissen, was sie erschaf-

fen und kreieren wollen. Kurz: Beide müssen ihr Lebensziel kennen. Ich habe von Menschen auf der ganzen Welt
immer wieder das Gleiche gehört, daß sie nämlich, was
Beziehungen betrifft, ähnliche Ziele verfolgen. Sie wollen ihr Leben miteinander teilen, kommunizieren, offen
und ehrlich sein, lachen, einander vertrauen und Spaß
haben. Sie wollen Liebe empfinden, sich verbunden fühlen, entspannt und glücklich sein.

Menschen, die noch nicht wissen, wie man glücklich
ist, haben dabei ein Problem. Es ist nahezu unmöglich,
Freude mit einem unglücklichen Menschen zu teilen. Der
Grund dafür ist, daß bekümmerte Menschen sich auf ihr
betrübtes Gefühl konzentrieren. Wenn wir uns nur lange
genug auf unsere eigene Trübsal oder die von anderen
konzentrieren, dann glauben wir, daß wir auch in unserer
Beziehung und anderen Lebensbereichen kein Glücksge-
fühl kreieren können. Die Beweise, die trübselige Überzeugungen untermauern, können überwältigend sein.

Meistens halten Menschen ihren Partner für wunderbar, solange sie noch verliebt sind. Sind sie aber erst einmal verheiratet, treten Schwierigkeiten auf. Ich habe beobachtet, daß dieses weit verbreitete Phänomen nahezu
ausschließlich etwas mit unseren Überzeugungen hinsichtlich der Ehe zu tun hat. Viele Leute heiraten in liebevoller Absicht, aber sie untergraben ihre Ehe zugleich
mit unbewußten Überzeugungen und Erwartungen. Diese
betreffen das Rollenverständnis, Kommunikationsmuster,
den Umgang mit Geld, den gemeinsamen Lebensstil,
Spiritualität, die Kindererziehung und sogar Überzeugungen, die den Selbstwert betreffen und ob sie es verdient
haben, glücklich zu sein. Es ist nicht ungewöhnlich, daß
Menschen die in verworrenen, zerbrochenen oder ge-

walttätigen Familien aufgewachsen sind, nicht daran glauben, daß sie eine glückliche Ehe führen können.

Ich habe eine ganze Reihe von Freunden, die noch nie verheiratet waren und das auch keineswegs wollen – zum Teil, weil sie behaupten, noch nie eine glückliche Ehe gesehen zu haben. Wenn wir uns allerdings Sorgen darüber machen, daß unsere Beziehung nicht funktionieren könnte, dann konzentrieren wir uns meiner Meinung nach einfach nicht darauf, was wir gemeinsam mit unserem Partner kreieren wollen. Ich war einmal mit einer Frau zusammen, die häufig sagte, daß unsere Beziehung auf Dauer niemals funktionieren könne. Ich warnte sie, daß Überzeugungen im allgemeinen Beweise hervorbringen, die das unterstützen, was man glaubt. Tatsache war, daß es sie traurig stimmte, als sie sich Sorgen darüber machte, daß unsere Beziehung nicht funktionieren könne, womit sie ihre ursprüngliche Überzeugung nur verstärkte. Solange wir keine Bestandsaufnahme unserer gegenwärtigen Überzeugungen gemacht haben, sind wir auch nicht in der Lage, festzustellen, welche Überzeugungen es uns ermöglichen, echte Harmonie mit den Menschen zu empfinden, die wir lieben.

Ich höre Menschen häufig sagen, daß sie Beziehungsprobleme haben. Sie glauben offensichtlich, ihre *Beziehung* sei ein eigenständiges Wesen. Ich sage dann immer, daß man eine Beziehung mit einem kleinen Computernetz vergleichen kann. Damit es effektiv funktioniert, müssen mindestens zwei funktionsfähige Computer miteinander verbunden sein. Das heißt, daß die Beziehung nur so angenehm ist, wie die beiden Partner es jeweils für sich selber sind. Wenn einer der beiden nicht fähig ist, sein eigenes Lebensziel zu erfüllen, dann sind die Chancen relativ gering, daß sie Liebe, Frieden und Freude kreieren werden. Die Beziehung ist – wie das Computernetz – lediglich ein Vehikel für Kommunikation und transportiert nur das, was die Beteiligten bereits im eigenen Leben kreieren und miteinander teilen möchten. Wenn einer der Computer nicht richtig oder nicht gut kommunizieren kann, so bedeutet das nicht, daß das Netz oder der andere Computer deshalb nicht funktioniert.

Ich unterhielt mich einmal mit einer Frau, die sagte, daß sie eine unglückliche Ehe führte. Als ich sie fragte, weshalb sie glaubte, die Beziehung sei nicht glücklich, meinte sie, daß sie nicht richtig kommunizierten. Sie war davon überzeugt, daß ihr Gatte, wenn er ihr wirklich zuhören würde, sein Verhalten wenigstens ein bißchen ändern würde. Ihre Liebe und ihr Glück war abhängig von der Antwort, die sie in einem Gespräch von ihrem Mann erwartet hatte. Da er jedoch anders als erhofft reagierte, schloß sie daraus, daß er sie nicht wirklich liebte und sie keine glückliche Ehe führten. Sie hatte sich niemals mit der Überzeugung befaßt, daß ihr Mann sie oder sie ihn ja auch bedingungslos lieben könnte. Ihrer Meinung nach funktionierte das Netz (die Beziehung) nicht richtig. Sie befürchtete, der Computer an der anderen Seite (ihr Mann) habe sich abgekoppelt. Können wir mit der Überzeugung, daß wir weder geliebt werden noch liebenswert sind, eine liebevolle Beziehung kreieren? Wenn wir glauben, daß wir eine unglückliche Ehe führen, können wir dann trotzdem ein glückliches Leben führen? *Das hängt von Ihren Überzeugungen ab.* Im geschilderten Fall herrschten einige Überzeugungen vor, die „bewiesen", daß die Beziehung nicht glücklich sein konnte.

Damit wir unsere Beziehung festigen können, müssen wir erst unser eigenes Lebensziel erkennen und uns bewußt machen, daß andere ein ähnliches Ziel verfolgen.

Denn schließlich will ja niemand eine unglückliche Beziehung führen. Wenn uns klar wird, daß auch andere ein liebevolles Ziel verfolgen, dann können wir unsere Beziehungen diesem Wissen anpassen. Wir können ihnen dabei helfen, zu erkennen, welche Überzeugungen sie daran hindern, ihr Ziel zu erfüllen. Beruhen unsere Überzeugungen hingegen auf Erwartungen, wie andere Menschen reagieren oder sich verhalten *sollten*, dann werden wir vielleicht enttäuscht und traurig. Dies geschieht häufig in Beziehungen, in denen die Liebe für den anderen nur auf körperlicher Anziehung basiert oder darauf, wie der andere sich verhält.

Enttäuschte Gefühle zeigen uns, daß unsere Erwartungen sich möglicherweise nicht im Einklang mit unserem Lebensziel befinden. Anders ausgedrückt: Unser Lebensziel ist es, Harmonie zu empfinden – nicht Enttäuschung. Vielleicht führt die Überzeugung, daß unser Partner immer körperlich attraktiv sein muß oder daß sein Verhalten sich schon bald ändern wird, zu Erwartungen und letztlich zu Enttäuschungen. Die Überzeugung aber, die zu der Enttäuschung führt, stimmt einfach nicht mit der Freude überein, die wir lieber empfinden und mit unserem Partner teilen würden. Daher müssen wir zumindest darüber nachdenken, ob wir die Überzeugungen, die uns keine Freude bringen, nicht besser ablegen sollten.

Viele Leute glauben, je attraktiver ihr Partner ist, desto glücklicher werden sie in der Beziehung sein. Das Thema Attraktivität ist verzwickt, da wir oft jene Menschen attraktiv finden, die der gesellschaftlichen Norm für Schönheit entsprechen. Dabei werden wir stark von den Medien beeinflußt und von alten Erfahrungen in Liebesbeziehungen. In vielerlei Hinsicht ist Attraktivität nichts anderes als eine Überzeugung, von der wir erwarten, daß sie uns viel Freude bringen wird. Ich habe viele Menschen getroffen, die derart von einem bestimmten Körper– und Persönlichkeitstyp, einem Beruf, einem athletischen Erscheinungsbild, einem Interessengebiet und/oder gesellschaftlichen Status abhängig sind, daß sie nicht glauben, eine liebevolle Beziehung zu jemandem aufbauen zu können, der nicht ihren äußerst begrenzten Kriterien entspricht.

Wenn wir die Überzeugung aufgeben, andere seien für unser Glück verantwortlich, dann öffnen wir uns für die Möglichkeit, daß wir bereits glücklich *sind.* Sind wir erst einmal glücklich, dann können wir zu einer bedeutend größeren Bandbreite an Menschen eine liebevolle Beziehung knüpfen. Solange wir andere dafür verantwortlich machen, uns Glück zu schenken, werden wir sie auch dafür verantwortlich machen, wenn wir nicht glücklich sind. Daraus entsteht womöglich die Tendenz, die Schuld bei unseren Mitmenschen zu suchen. Haben wir uns jedoch unserem Lebensziel verpflichtet, dann sehen wir immer eine Gelegenheit, uns für eine glückliche Wirklichkeit zu entscheiden. Haben wir erst einmal entdeckt, wie wir uns die Gefühle, die wir wollen, vorstellen können, dann konzentrieren wir uns ganz automatisch auch auf unser Lebensziel.

Ich hörte beispielsweise einmal, wie eine Frau folgendes über ihren Freund sagte: „Wenn er mich wirklich lieben würde, würde er mich öfters anrufen." Dieser Aussage liegt ganz offensichtlich die Überzeugung zugrunde, daß er sie nicht wirklich liebt, weil er sie nicht anruft. Während sie nun darüber nachdenkt, weshalb er sie wohl nicht anruft, entsteht eine weitere Überzeugung. Falls diese lautet, daß er sie abgewiesen oder gar im Stich gelassen hat, dann kreiert sie nun vielleicht eine dritte

Überzeugung; nämlich die, daß sie wohl nie jemanden finden wird, der sie wirklich liebt. Und mit jedem weiteren Schritt in diese Richtung werden die Überzeugungen zu Befürchtungen. Die emotionale Reaktion auf diese Befürchtungen und Überzeugungen sind möglicherweise Wut, Niedergeschlagenheit, Einsamkeit, Depression und Abgrenzung.

Falls diese Frau sich für die Überzeugung entscheidet, daß seine Anrufe ihren Selbstwert festlegen, sucht und findet sie nun auch immer mehr Beweise dafür, daß sie es nicht wert ist, geliebt zu werden. Ohne andere Möglichkeiten in Betracht zu ziehen, weshalb ihr Freund sie nicht anruft, nutzt sie ihr Vorstellungsvermögen zur Erzeugung von Niedergeschlagenheit. In gewisser Weise weist sie ihm die Schuld an allem zu. Hätte sie sich jedoch einfach für andere Überzeugungen entschieden und sich die Situation anders vorgestellt, dann hätte sie sowohl in ihrem eigenen Leben als auch in der Beziehung Freude erzeugen können. Was ist wichtiger: Seine Anrufe oder daß sie sich selbst und ihr Leben als glücklich empfindet? Oder beides? Vielleicht wird er sie öfter anrufen, wenn sie dieses Glück erkennt.

Im oben erwähnten Beispiel führen ihre Überzeugungen nicht dazu, daß ihr Freund sie öfter anruft, sondern sie beeinflussen auf jeden Fall ihre Reaktion auf seinen Anruf oder darauf, daß er sie nicht anruft. Ihr Glück hängt unmittelbar von seinen Anrufen ab, davon, ob und wie oft er sie anruft. Hegt sie jedoch andere Überzeugungen, kann sie ihr Glück unabhängig von seinen Anrufen erleben. Weil sie nun aber ein fröhlicher Mensch ist, wird sie sicherlich öfter angerufen, auch von ihrem Freund. Engagiert sie sich auch weiterhin für ihr Lebensziel, dann nutzt sie ihre Vorstellungskraft nicht nur dazu, sich zu freuen, sondern auch dazu, Zeuge der Manifestation ihrer Wünsche zu werden – er ruft sie öfter an.

Ich glaube, daß Menschen die Verantwortung dafür übernehmen sollten, in ihren Beziehungen nur das zu kreieren, was sie wollen. Wenn Sie Frieden wollen, dann seien Sie friedfertig. Wenn Sie Liebe wollen, seien Sie liebevoll. Wenn Sie Freude erleben wollen, seien sie fröhlich, egal, was ein anderer kreiert. Wir müssen uns unserem Lebensziel verpflichten und Partner wählen, die wissen, wie sie die *Essenz* dessen kreieren können, was sie wollen. Ich habe beschlossen, nur mit einem Partner zusammenzuleben, der sich – wie ich selber – darauf richtet, in jedem Moment Liebe und Harmonie zu kreieren.

Bolens Fortbewegungsgesetz läßt sich auch auf unsere Beziehungen anwenden. Wenn wir uns auf unsere Niedergeschlagenheit konzentrieren und anderen dafür die Schuld geben, dann manövriert uns das auf überzeugende Weise in die Richtung, die unsere ständige Unzufriedenheit untermauert. Überzeugungen sind auch sich selbst erfüllende Prophezeiungen. Je mehr wir uns auf Überzeugungen konzentrieren, die Freude erzeugen, desto mehr Freude macht uns unser Leben. Solange wir an uns selber und an die Macht unserer Kreativität glauben, können wir uns auf das richten, was wir wollen und unserer *Essenz* gemäß leben.

Kapitel elf

Ein Leben frei von Dramen

Es gibt kein größeres Drama als ein unbewußtes Wesen.

Es gibt viele Berichte von Menschen, die Nahtoderfahrungen gemacht haben. Fast jeder, der solch eine Erfahrung gemacht hat, berichtete, daß er sich emotional sehr erfüllt gefühlt hat. Ich schließe daraus, daß wir sogar dann unser Lebensziel erfüllen können, wenn unser Überleben in Gefahr ist. Abgesehen davon glaube ich, daß diese Menschen eigentlich keine Nahtoderfahrung gemacht haben, sondern eher eine *Lebens*erfahrung. Viele Menschen, mit relativ rigiden Überzeugungen, machen ab und zu *Nahlebens*erfahrungen: Sie erleben im Laufe der Zeit Momente der Freude und des Friedens. Meistens hegen diese Menschen allerdings auch eine fundamentale Überzeugung, die da lautet, das Leben sei schwierig und ein andauernder Kampf. Daher glauben sie, daß sie ihr Leben lang kämpfen müssen – und tun das auch.

Wir veranstalten solche Melodramen in unserem Leben nur, um unsere Überzeugung, wir könnten kein vollkommenes Leben leben führen, zu untermauern. Kommt uns unser Leben zu *perfekt* vor, dann widmen wir uns einfach irgendeiner dramatischen Unterhaltung. Indem wir uns emotional darauf einlassen, schwingen wir uns auf Gefühle und Überzeugungen ein, die solche Dramen in unserem eigenen Leben fördern.

Das bedeutet, daß wir uns davon überzeugen, daß ein „normales" Leben voller Streß, Probleme und Schwierigkeiten steckt. In unserem Verlangen, normal zu sein, treffen wir uns mit Freunden, Familienmitgliedern und sogar mit Fremden, um ihnen unsere Probleme und Geschichten zu erzählen und uns ihre anzuhören. Wir glauben, daß wir uns zumindest etwas besser fühlen, wenn wir von jemand anderem eine noch schlimmere Geschichte hören. Aus diesem Grund haben wir meiner Meinung nach so einen unersättlichen Appetit auf Talkshows, Nachrichtensendungen, Kinofilme, Theaterstücke und Bücher, die das Abnormale zur Sensation machen. Aber, in dem Maße, wie wir uns von solch einem mentalen Input beeinflussen lassen, beginnen wir unbewußt, unsere eigenen Sensationen zu kreieren. Ist Ihnen jemals aufgefallen, wie Menschen andere in ihrem Drama unterstützen? Wir nennen das Klatsch und Tratsch und er handelt meistens davon, weshalb das Leben eines Menschen nicht vollkommen ist. Und während wir uns auf diese Geschichten einlassen, hören wir auf, unser Lebensziel zu verfolgen.

Wenn ich Menschen berate, wollen sie mir meistens alle Details erzählen, was geschehen ist und wer alles beteiligt war. Ich habe beobachtet, daß diese Information unwichtig ist und nichts mit den Überzeugungen zu tun hat, die es einem Menschen erlauben, seinen Lebenszweck zu erfüllen. Darüber hinaus habe ich festgestellt, daß die Menschen, die mir ihr Drama erzählen wollen, meistens den Sinn ihres Lebens nicht kennen. Aus diesem Grund konzentrieren sie sich nicht auf das, was sie eigentlich wollen. In der Folge glauben sie meist, daß nicht sie selbst schuld an ihren Problemen sind, sondern andere oder die Umstände, denen sie ausgeliefert sind und die sie nicht beeinflussen können.

Diese Opfermentalität macht Menschen hilflos und verletzlich. Wenn wir verletzlich sind, neigen wir dazu, zurückzuschlagen oder uns zurückzuziehen, um uns zu schützen. Bei Katzen, Hunden und anderen Tieren, die mißtrauisch oder ängstlich sind, kann man das gleiche Verhalten beobachten.

11.1 Ihre Stärken und Schwächen

Achten Sie darauf, was Sie kreativ macht.

Wenn wir uns als Opfer der Umstände betrachten, fühlen wir uns vielleicht mißbraucht, nicht respektiert, nicht geschätzt oder ausgenutzt. Als Opfer fühlen wir uns hilflos und schwach. Wir können jedoch mit emotionaler Erfüllung und Erfolg auf unsere Lebensumstände reagieren ohne dabei unsere Schwächen zu kultivieren.

Ich höre Menschen nur allzu oft über ihre Stärken und Schwächen reden. Eine der Fragen, die bei Vorstellungsgesprächen sehr häufig gestellt wird, lautet: „Was sind ihre Stärken und Schwächen?" Ich nehme an, daß irgend jemand einmal auf die schlaue Idee kam, Arbeitsuchende bei diesem Gespräch unter Streß zu setzen, um ihre Reaktion zu beobachten. Während sie nun über ihre Schwächen nachdenken, unterstützen sie ihr Lebensziel nicht mehr. Ich habe noch nie jemanden getroffen, der ein gutes Gefühl dabei hatte, wenn er sich mit seinen Schwä-

chen befaßt hat. Wie unterstützt die Überzeugung, daß
wir Schwächen haben, unser Lebensziel? Es scheint
kaum lohnenswert, andere dazu zu veranlassen, ihre
Schwächen zuzugeben. Leute, die andere bitten, sich ihre
Schwächen vorzustellen, tun ihnen damit keinen Dienst.
Wenn wir uns kleiner machen, indem wir nach Hinweisen suchen, daß wir nicht vollkommen und fähig sind,
untergraben wir unser Lebensziel. Leider erwartet man in
manchen Kulturen, daß wir bescheiden sind und jeder,
der zu selbstsicher ist, gilt als „arrogant".

Das Konzept, wir seien nicht vollständig oder fähig,
hat vielen Menschen das Gefühl gegeben, sie seien unvollkommen. Die Überzeugung, daß wir Schwächen haben, untergräbt unsere Fähigkeit, die *Essenz* dessen zu
kreieren, was wir wollen. Jedesmal, wenn wir unsere
Schwächen anerkennen, mißachten wir unsere wahre
Kraft nicht. Wenn ich Menschen treffe, sehe ich sie in
den seltensten Fällen als schwach, ungesund und unglücklich, auch wenn ich erkenne, daß sie den Sinn ihres
Lebens nicht klar vor Augen haben und die eigenen
Überzeugungen nicht kennen. Erkennen und glauben wir
erst einmal an die Kraft unseres Vorstellungsvermögens,
dann sind wir uns auch der Möglichkeiten, unsere *Essenz*
zu leben, bewußt.

Viele Menschen wählen bewußt oder unbewußt einen
Partner, von dem sie glauben, er würde ihre persönlichen
Schwächen ausgleichen. Man hört häufig das Klischee:
„Die Unterschiede ziehen sich an." Entscheiden wir uns
für diese Überzeugung, dann wählen wir Partner aus, die
wir für unser Gegenteil halten. Und sind wir erst einmal
mit unserem Gegenteil zusammen, dann wird es schwierig, Gemeinsamkeiten zu finden. Dieses Konzept, vor
allem auf die Unterschiede des anderen zu achten, unter-

gräbt unsere Fähigkeit, Harmonie zu schaffen und effektiv mit unserem Beziehungspartner zu kommunizieren. Der Grund ist einfach: Wir kommunizieren am besten mit Menschen, zu denen wir einen Bezug herstellen können und denen wir vertrauen. Die Überzeugung, daß Menschen im Grunde unterschiedlich sind, richtet die Aufmerksamkeit auf die Unterschiede und nicht auf das, was uns verbindet. Der Fokus auf die Unterschiede hindert uns daran, die gemeinsamen Ziele zu erkennen. Glauben Sie, daß sie befriedigendere Beziehungen zu Menschen haben werden, mit denen sie viel gemeinsam haben oder die Ihnen eher fremd sind? Die Überzeugung, daß andere sich von uns unterscheiden, blockiert das Gefühl von Verbundenheit in Beziehungen.

Die Überzeugung, daß wir alle unsere Schwächen haben, unterstützt uns nicht beim Aufbau stabiler Beziehungen. Wenn wir wirklich glückliche Beziehungen führen wollen, müssen wir wirklich glückliche Menschen sein. Ich habe noch nie einen unglücklichen Menschen getroffen, der eine glückliche Beziehung führte. Ich habe noch nie einen wütenden Menschen getroffen, der ein friedfertiges Leben führte. Ich habe noch nie einen gehässigen Menschen getroffen, der ein Leben voller Liebe führte. Ich habe noch nie einen unehrlichen Menschen getroffen, der anderen vertraute. Ich habe noch nie einen schwachen Menschen getroffen, der starke Beziehungen hatte. Sie etwa?

11.2 Seine Opferhaltung erkennen

Wir alle waren schon einmal Opfer des Lebens, der Liebe und unserer Suche nach Glück. Was nun?

Menschen, die sich für ein Opfer halten, möchten gerettet werden und das macht sie von anderen abhängig, wenn sie sich wohl fühlen wollen. Man kann dieses Phänomen in persönlichen Beziehungen ebenso sehen, wie in Arbeitsbeziehungen oder in Beziehungen zum Staat. Wenn wir glauben, daß andere Schuld an unserem Unglück haben, dann glauben wir umgekehrt womöglich auch, daß sie für unser Glück zuständig sind.

In unserer Angst, auch weiterhin unglücklich sein zu müssen, sind wir mißtrauisch und handeln deshalb manipulativ. Wir entwickeln Mangelbewußtsein und glauben, wir sollten lieber andere ausnutzen als uns von ihnen ausnutzen zu lassen. Diese „entweder–er–oder–ich"-Einstellung schafft eine Situation, in der einer verlieren muß, damit es einen Sieger geben kann. Wenn wir hingegen unserer *Essenz* gemäß leben, möchten wir das Leben anderer bereichern. Die Gewinner/Verlierer–Einstellung verhindert dies jedoch. Wenn wir uns als Gewinner betrachten, muß jemand anders verloren haben. Wie könnten wir jedoch das Leben anderer Menschen bereichern, wenn wir sie nicht als vollkommen und fähig betrachten? Wenn wir uns selber als Verlierer betrachten, erkennen wir nicht, daß wir die Macht haben, andere zu bereichern.

Manche Menschen haben bewußt oder unbewußt subtile Mittel und Wege entwickelt, ihre Opferhaltung zur Manipulation anderer einzusetzen. Zum Beispiel indem sie ein Schuldgefühl bei ihnen wecken, weil sie das ver-

letzlich macht. Ich habe Menschen kennengelernt, die
ihre Schwächen, Fehler und Probleme beichteten, nur um
bei anderen Mitgefühl und Sympathie zu wecken. Sie
glauben, sie könnten ihr Verhalten damit rechtfertigen,
daß sie den Eindruck erwecken, in einem Wachstums–
oder Heilungsprozeß zu stecken. Das willkürliche Opfer
solch einer manipulativen Taktik wird den Taktiker kaum
mit seiner Manipulation konfrontieren und ihr entgegen-
treten. Das Opfer der Manipulation glaubt meistens vielmehr, daß sich dieses Verhalten seines Gegenübers bald
ändern wird. Und genau deshalb ist diese Form der Täuschung effektiv.

Wenn die Wahrheit ans Licht kommt, werden bewußte
Menschen ihre Verantwortung übernehmen und ihre
Überzeugungen, Gefühle und ihr Verhalten entsprechend
ändern, so daß sie ihr Lebensziel erfüllen können. Menschen, die behaupten, in einem Prozeß zu stecken (die *„es
wirklich versuchen"*, *„an sich arbeiten"*, *„da durch müssen"*, und *„im Heilungsprozeß sind"*), kennen ihr Lebensziel nicht oder orientieren sich nicht daran. Diesen Menschen mangelt es oft an einer integeren, liebevollen
Absicht und man kann sie auch daran erkennen, daß ihre
verbale Äußerungen nicht zu ihrem Verhalten passen.
Diese Lügen oder (Selbst–) Täuschungen zeigen, daß sie
nicht an das glauben, was sie erzählen.

Wir können den Sinn unseres Lebens nur dann erfüllen, wenn wir den Sinn unseres Lebens erfüllen. Der *Versuch*, den Sinn unseres Lebens zu erfüllen, ist nicht das
gleiche, als die Erfüllung zu leben. Wir können nur gesund sein, wenn wir glauben, gesund zu sein. Wir können
nur glücklich sein, wenn wir davon überzeugt sind,
glücklich zu sein. Ich erhielt einmal einen Anruf von
einer Frau, die sich mehr Klarheit im Leben wünschte.

Ich fragte sie: „Scheint die Sonne dort, wo Sie sind?" Sie antwortete: „Nein, der Himmel ist bewölkt." Dann sagte ich: „Es muß ziemlich dunkel bei Ihnen sein, wenn die Sonne nicht scheint." Sie antwortete: „Aber über den Wolken scheint die Sonne." „Ganz genau", antwortete ich. Wie wir das Leben erfahren, hängt davon ab, wie wir das Glück betrachten. Wenn wir versuchen, glücklich zu werden, ist das nicht so befriedigend, als einfach anzuerkennen, daß wir bereits glücklich sind. Kurz: Uns ist nur dann bewußt, daß die Sonne scheint, wenn wir davon überzeugt sind, daß sie es tut.

Oft erklären Menschen mir, daß sie versuchen, eine gute Beziehung zu führen, oder daß sie gerne eine solche führen würden, oder sie wollen Schriftsteller, Schauspieler, Lehrer, Seminarleiter, Arzt, Rechtsanwalt, guter Vater oder Mutter und so weiter sein. Ich sage ihnen dann meistens, daß sie die Gelegenheit verpassen, Erfolg zu haben, wenn sie nicht anerkennen, daß sie bereits jetzt erfolgreiche Kommunikatoren, Unterhalter, Lehrer, Seminarleiter, Heiler, Meditierer, Ernährer oder Ehepartner sind. Der Weg zum Erfolg liegt darin, davon überzeugt zu sein, daß wir von Moment zu Moment genau das kreieren, was wir wollen. Es ist kein Erfolg, darüber zu reden, was man zu schaffen *versucht*. Man ist vielmehr erfolgreich, wenn man seine Vision klar vor Augen hat und weiß, daß sie sich kontinuierlich und im Einklang mit dem Sinn des Lebens entfaltet. Wir legen anhand unseres Glaubensmusters fest, wie erfolgreich wir den Sinn unseres Lebens erfüllen. Uns selber oder andere als Opfer zu betrachten, untergräbt unsere Fähigkeit, Freude in unser Leben zu bringen.

Es ist vielen Menschen nicht bewußt, daß die Überzeugungen, die sie von anderen übernehmen, nicht unbedingt zu ihrem eigenen Leben passen. Tatsache ist vielmehr, daß es unseren Erfolg untergraben kann, wenn wir eine Überzeugung von jemand anderem übernehmen, ohne zu betrachten, ob sie den Sinn unseres Lebens unterstützt. Unsere gegenwärtigen Überzeugungen über unsere Erfahrungen und Erinnerungen beeinflussen unsere momentane Realität. Oft hegen wir veraltete Überzeugungen, die in unserer gegenwärtigen Lage eigentlich nicht mehr relevant sind. Manchmal nennt man sie auch „alte Überzeugungen", aber sie sind nicht alt, sondern in der gegenwärtigen Situation einfach nicht mehr relevant. Es sind also keine „Altlasten", sondern lediglich Überzeugungen, die wir früher einmal angenommen haben und die auch heute noch aktiv auf unser Vorstellungsvermögen einwirken. In jedem Moment und mit jedem Gedanken wählen wir Überzeugungen, die wir auf unsere Vergangenheit, Gegenwart und Zukunft anwenden. In diesem Sinne haben wir immer nur „neue Lasten" oder Überzeugungen, die den Sinn unseres Lebens entweder unterstützen oder untergraben.

Eine Frau, die eine liebevolle und harmonische Beziehung aufbauen möchte, profitiert nicht von der Überzeugung, daß alle Männer Idioten sind. Auch wenn ihr voriger Mann oder Freund ziemlich unsensibel war, so ist diese Überzeugung doch zum gegenwärtigen Zeitpunkt überholt und unterstützt sie nicht dabei, eine liebevolle Beziehung zu einem Mann herzustellen. Solange sie allerdings glaubt, alle Männer seien Idioten, wird sie – in bezug auf Männer – auch weiterhin Beweise dafür finden, daß ihre Überzeugung stimmt. Wenn sie diese einengende Überzeugung hinter sich lassen will, muß sie die Verantwortung dafür übernehmen, sich für eine Überzeugung zu entscheiden, die Männer als liebevoll, kommunikativ, sensibel und empfindsam betrachtet. Und während sich immer mehr Beweise für diese neue Überzeugung ansammeln, wird sie auch Männer anziehen, die ihr Lebensziel unterstützen. Sie profitiert natürlich enorm davon, denn nun kann sie das haben, was sie haben will, anstatt das weiterzuführen, was sie nicht will.

Ich habe einmal mit einem Mann gesprochen, dem es in jeder Hinsicht schwerfiel, Beziehungen aufrechtzuerhalten. Er wechselte dauernd die Arbeitsstelle und konnte sich nicht auf eine liebevolle, intime Beziehung einlassen. Ich fragte ihn nach dem Grund für seine Schwierigkeiten und er erzählte, daß er Alkoholiker gewesen sei. Ich fragte ihn, wann er denn von seinem Alkoholismus geheilt sein würde und er antwortete: „Nie." Raten Sie mal! Trotz der Tatsache, daß er mit dem Trinken aufgehört hatte, betrachtete er sich als unheilbaren Alkoholiker und verhielt sich auch weiterhin so: Er war unverläßlich, streitsüchtig, unkooperativ und so weiter. Seine Überzeugung bestätigte ihm, daß er weder ein gesunder noch ein ehrenhafter Mann war.

Obwohl das Zwölf-Schritte-Programm[*] vielen Menschen bei der Verbesserung ihrer Lebensumstände geholfen hat, so können solche Programme einen doch davon abhalten, den Sinn seines Lebens zu erfüllen. Das Heilungsthema kombiniert mit der Überzeugung, daß man auch weiterhin krank und unvollkommen ist oder einen Defekt hat, verhindert eine objektive Perspektive. Diese Menschen können ihr Lebensziel gar nicht erkennen und bleiben weiterhin von der Selbsthilfegruppe abhängig. Wer seine Abhängigkeit und Sucht von der Droge auf die

---

[*] Ein Entwöhnungsprogramm für Alkoholiker, das gewissermaßen ein Leben lang durchgeführt werden muß.

Selbsthilfegruppe überträgt – und sie dort *beläßt* – versäumt womöglich die Gelegenheit, auf eigenen Füßen zu stehen. Diese Menschen sind nicht in der Lage eigenverantwortliche Lebensentscheidungen zu treffen, die ihnen helfen, den Sinn ihres Lebens zu erfüllen.

Manche Leute machen sich zum Opfer ihres inneren Kindes und verharren in dieser Rolle. Immer wenn sie in einer potentiell schmerzhaften Situation sind, schieben sie das verletzte Kind als Entschuldigung vor, und rechtfertigen ihren Schmerz. In den meisten Fällen sind sie der Überzeugung, ihr inneres Kind sei noch immer verletzt und würde niemals erwachsen. Erwachsene, die an ihr verletztes inneres Kind glauben, fühlen sich immer noch mißhandelt, wertlos, nicht respektiert und als ewiges Opfer. Die Überzeugung, ihnen wohne ein verletztes Kind inne, hilft ihnen allerdings weder bei der Erfüllung ihrer Lebensziels noch bei der Förderung von Gefühlen der Freude, des Friedens und der Liebe. Weshalb uns nicht für die Ansicht entscheiden, daß wir starke, gesunde, fähige Erwachsene und Kinder sind?

11.3 Gesundheit oder Überzeugung

Was wir Krankheit nennen, ist eine Periode, in der wir lernen, gesund zu sein.

Wenn wir unser Wohlbefinden nicht anerkennen, machen wir uns zum Opfer der Überzeugung, daß wir schwach oder krank sind. Infolge dieser Einstellung sinkt unser Vertrauen in unser Immunsystem und es kann sich sogar nicht einmal mehr gegen solche Lappalien wie eine Er-

kältung wehren. Das erklärt vielleicht auch, weshalb viele
Leute so schnell Medikamente nehmen, statt ihrem Körper zu gestatten, sich selber zu heilen. Je abhängiger wir
uns allerdings von Medikamenten machen, desto weniger
nutzen wir unser Immunsystem und schwächen unsere
körpereigenen Widerstandskräfte immer mehr. Die Überzeugung, daß wir krank sind oder uns unwohl fühlen,
unterstützt unseren Lebenszweck in keinster Weise.

Die meisten von uns fühlen sich kraftlos und sind
nicht erfüllt, wenn sie sich für krank halten. Solange wir
jedoch glauben, unseren Sinn erfüllen zu können, können
wir uns auch als gesund betrachten. Das bedeutet natürlich keineswegs, daß wir nicht zum Arzt gehen sollten,
sondern daß wir uns unseres Körpers und Geisteszustands
bewußt sein sollten. Wenn wir unser körperliches Wohlbefinden als wichtigstes Merkmal unserer Gesundheit
betrachten, dann werden wir unsere spirituelle und emotionale Gesundheit eher ignorieren. Haben Sie sich jemals
gefragt, wie Menschen, die als behindert gelten, über ein
so großes Maß an Lebensfreude verfügen können? Sie
glauben einfach nicht daran, daß ihre sogenannte „Behin-
derung" sie daran hindert, die *Essenz* dessen zu kreieren,
was sie emotional erfahren wollen. Wenn wir überzeugt
sind, daß ein Arztbesuch uns helfen kann, unseren Sinn
zu erfüllen, dann treffen wir eine verantwortliche Entscheidung. So glaubte beispielsweise eine Frau, an chro-
nischer Müdigkeit zu leiden. Als ich sie fragte, wie sie
wüßte, daß sie diese Krankheit habe, sagte sie, daß sie
nicht mehr in der Lage sei, wie früher an körperlich an-
strengenden Aktivitäten teilzunehmen. Weitere Nachfor-
schungen ergaben, daß die wahren Gründe für ihre Unfä-
higkeit nicht nur mit ihrer Gesundheit zusammenhingen.
In diesem Fall zeigte sich, daß sie andere Umstände als

Beweis für ihre Ansicht angesehen hatte, es ginge ihr
nicht gut. Tatsache war außerdem, daß ihre Beschwerden
erstmals vor einigen Jahren auftraten, als einige traumatische Ereignisse in ihrem Leben stattfanden. Als ich mit
ihr sprach, zeigte sich, daß sie eine Menge Wut und Groll
hegte. Wie der Mann, bei dem man unheilbaren Krebs
diagnostiziert hatte glaubte diese Frau nur daran, was ihr
Arzt gesagt hatte und produzierte daher weiterhin Beweise, die ihm recht gaben. In beiden Fällen war die Diagnose der Ärzte sicherlich richtig. Aber die Überzeugungen,
die zu der Manifestation der Krankheit geführt hatten
wurden ebensowenig berücksichtigt, wie die gegenwärtig
aktiven Ansichten über Krankheit und Wohlbefinden.
Diese Menschen wurden ein Opfer ihrer Überzeugungen
hinsichtlich ihrer früheren, gegenwärtigen und zukünftigen Gesundheit. Wenn wir unsere Aufmerksamkeit auf
die Pathologie richten, dann sehen wir Krankheit. Richten
wir unsere Aufmerksamkeit hingen auf unser Wohlbefinden, dann sehen wir ein gesundes Wesen.

Viele Menschen sind der Überzeugung, daß erst persönliches Wachstum, Entfaltung und die Überwindung
von Herausforderungen das Leben lebenswert machen.
Aber während sie weiter wachsen und sich erweitern,
können sie die emotionale Ernte ihrer Bemühungen kaum
einfahren. Das Schaffen neuer Konflikte und Auseinan-
dersetzungen bringt nur selten Freude und Zufriedenheit.
Immer wenn wir eine Überzeugung hegen, daß wir
schlecht behandelt worden sind, untergraben wir unsere
Fähigkeit, einen bedeutenden Beitrag zu unserem Lebensziel zu leisten und zum Wohlsein anderer, deren
Leben wir berühren, insbesondere das Leben unserer
Kinder.

Kapitel zwölf

Wie wir zu Zauberern werden

Der einzige Experte, der Ihr Lebensziel erfüllen kann, sind Sie.

Wir müssen zum Experten für unser eigenes Lebens werden. Normalerweise betrachten wir jene als Experten, die Meister auf einem bestimmten Gebiet sind, also von bestimmten Glaubenssystemen. Diese Überzeugungen können uns bei der Erfüllung unseres Lebensziels unterstützen, oder auch nicht. Manchmal klingt es ganz witzig, wenn man zwei Experten hört, die unterschiedlicher Meinung sind. Ich schließe daraus, daß möglicherweise keiner der beiden ein Experte ist, oder daß sie lediglich Experten für ihre eigene Überzeugung sind.

Wissenschaftler, Zukunftsforscher, Strategen, Planer, paranormal Begabte und Astrologen sind Experten, wenn es sich um im physischen Bereich beweisbare Überzeugungen handelt. In manchen Fällen stimmen ihre Voraussagen und in anderen Fällen manifestieren sie sich nicht. Beschließen wir, die Überzeugung eines sogenannten Experten anzunehmen, dann ist die Chance groß, daß wir *ihre* Voraussagen verwirklichen und nicht unsere eige-

nen. Werden wir hingegen zu Experten für unser eigenes
Leben, dann haben die Voraussagen anderer wenig Wert.
Wollen wir für unser eigenes Leben akkurate Voraussagen treffen, dann müssen wir unser Lebensziel kennen
und uns in jedem Moment dafür einsetzen.

Damit Sie ein Experte für Ihr eigenes Leben werden,
müssen Sie sorgfältig auf alles hören, was Sie sagen und
tun. Vielleicht beginnen Sie damit, die Aussagen zu no-
tieren, die Sie anderen und sich selbst gegenüber aussprechen. Später schlagen sie dann nach und überprüfen, ob
Ihr Inventar an Überzeugungen Ihnen dabei hilft, das zu
erschaffen, was Sie wollen. Sie werden wahrscheinlich
entdecken, daß Sie eine ganze Reihe von Ansichten vertreten, die dem gewünschten Erfolg zuwiderlaufen oder
Ihr Schaffen untergraben. Nachdem Sie Ihre Überzeugungen aufgeschrieben haben, stellen Sie sich bei der
Überprüfung vielleicht folgende Frage: „Wie hilft diese
Überzeugung mir, mich glücklich, fröhlich, entspannt,
ruhig, friedvoll, liebevoll, voller Energie, begeistert, erfüllt, harmonisch, verbunden, ganz, vollkommen und
stark zu fühlen (setzen Sie die Begriffe ein, die den Sinn
Ihres Lebens beschreiben)?“ Wenn Sie erkennen, daß Sie
eine Überzeugung vertreten, die Sie daran hindert, Ihren
Lebenszweck zu erfüllen, dann obliegt es Ihrer Verantwortung, diese Überzeugung hinter sich zu lassen. Wenn
man nicht integer lebt, fühlt man sich unglücklich, unzufrieden, gestreßt, frustriert, nervös, irritiert, wütend, als
Opfer, leer, einsam, deprimiert, schwach, isoliert und
muß andauernd kämpfen – um nur einige mögliche Konsequenzen zu nennen.

Ich habe entdeckt, daß die meisten Menschen sich der
Tatsache, daß fast jeder Gedanke eine Überzeugung spiegelt, nicht bewußt sind. Fast alles, was wir sagen, basiert

auf Überzeugungen. Hören Sie auf die nächsten Dinge, die Sie denken oder sagen. Welche Überzeugung hängt mit diesen Gedanken oder Worten zusammen? Vielleicht drückt die Aussage an sich ja bereits eine Überzeugung aus.

Es wird uns schon bald bewußt, daß wir unser ganzes Leben im Spiegel unserer Überzeugungen erfahren. Für manche ist das eine unangenehme Erkenntnis, denn sie sind davon überzeugt (sie befürchten), daß es harte Arbeit ist, ein Glaubenssystem zu ändern. Vielleicht sagen Sie sich: „Ich kann nicht einfach alles über Bord schmeißen, was ich schon seit meiner Kindheit glaube." Dies ist natürlich auch eine Überzeugung, die unseren Absichten nicht unbedingt förderlich ist. Ich glaube, vieles, von dem wir überzeugt sind, hat einen Wert in unserem Leben. Die gute Nachricht lautet also, daß wir nicht all unsere Überzeugungen hinter uns lassen müssen – wir müssen lediglich jene Ansichten fallenlassen, die nicht zu den Gefühlen führen, die wir empfinden wollen. Aus diesem Grund haben wir Gefühle: Sie machen uns auf die Tatsache aufmerksam, daß unsere Überzeugungen entweder mit dem Sinn unseres Lebens übereinstimmen, oder daß wir sie ändern müssen und eine neue „Orientierung" brauchen, damit wir die Gefühle empfinden, die wir wirklich spüren wollen.

Wenn Sie zu den Menschen gehören, die sagen: „Wahrscheinlich funktioniert das nicht", dann ist es gut möglich, daß es nicht funktioniert. Es funktioniert nicht, wenn Sie den Wert dieser Vorgehensweise von einer rein philosophischen Warte aus analysieren. Damit Sie die Vorteile dieser Vorgehensweise erfahren können, müssen Sie Überzeugungen erforschen und fallenlassen, die Ihnen keine Freude bereiten oder die Sie unzufrieden ma-

chen. Damit Sie den Sinn Ihres Lebens erfüllen, müssen
Sie sich bewußt für das entscheiden, was Sie kreieren
wollen. Wenn Sie Ihre Kreativität nicht bewußt einsetzen,
vertrauen Sie nicht darauf, daß Sie in allen Bereichen
Ihres Lebens das kreieren können, was Sie kreieren wollen. In diesem Fall halten Sie es wahrscheinlich für sicherer, Ihre Erfahrungen vom Schicksal bestimmen zu lassen. Diese Überzeugung untergräbt Ihre Fähigkeit, Ihr
Lebensziel zu erfüllen und liebevoll mit anderen zu teilen. Es ist jetzt an der Zeit, genau das zu erschaffen, was
Sie in Ihrem Leben erschaffen wollen.

Auch der Aberglaube ist ein Glaubenssystem. Als ich
an der Universität Basketball spielte, war ich abergläubisch. Viele Athleten hatten allerlei Rituale oder Traditionen, die sie ihrer Meinung nach erfolgreicher machten.
Egal, ob ich einen Korbleger machte oder nicht, ich war
davon überzeugt, daß mein Freiwurf eher treffen würde,
wenn ich den Ball vorher dreimal aufprallen ließ. Außerdem glaubte ich, ich müsse eine bestimmte Frisur und die
Socken und Schweißbänder auf eine ganze bestimmte Art
und Weise tragen. Zurückblickend waren all diese Überzeugungen lediglich Ablenkungen. Ich bin mir sicher,
daß es mich mehr erfüllt hätte, mich darauf zu konzentrieren, Spaß zu haben, statt an meine Frisur oder meine
Socken zu denken.

Wenn unser Aberglaube uns viel bedeutet, haben wir
ein geschlossenes Weltbild. Unsere Überzeugungen sind
starr und das Leben wird zu einer größeren Herausforderung (und nicht leichter), da wir uns allen Umständen
widersetzen, die unser Ritual oder unsere Routine durch-
kreuzen. Viele Menschen sind abergläubisch, weil es
ihrem Leben eine bestimmte Struktur gibt. Dieses Bedürfnis nach Struktur beruht meist auf Befürchtungen.

Wir glauben, daß Strukturen uns Sicherheit verschaffen. Was aber ist „Sicherheit" eigentlich? Ich bin der Meinung, daß Sicherheit lediglich eine Illusion ist, die auf der Annahme basiert, daß das Leben nicht schlechter werden wird. Wir können uns aber durchaus auch in Sicherheit wiegen, wenn es gar nicht sicher ist.

So halten viele Menschen trotz ihrer Unzufriedenheit an einer Beziehung oder Arbeitsstelle fest, weil die Routine ihnen ein Gefühl der Sicherheit vermittelt. Sie opfern ihren eigentlichen Wunsch, sich selbständig zu machen, der vermeintlichen Sicherheit, bei einem großen Unternehmen zu arbeiten. Die Größe eines Unternehmens ist aber nicht unbedingt ein Maß für dessen Erfolg. Da große Unternehmen also nicht unbedingt ein sicherer Hafen sind, widmen Menschen, die sich auf ihre Sicherheit konzentrieren, sich nicht den Dingen, die sie eigentlich erschaffen wollen.

Ich war sechzehn Jahre lang Mitarbeiter bei mehreren großen Unternehmen. Obwohl es eine sehr lohnende und wertvolle Erfahrung war, fühlte ich mich oft eingeengt. Dennoch war meine Position finanziell lukrativ; ich konnte viele fremde Länder bereisen und genoß darüberhinaus eine Menge Prestige. Ich glaubte, ich hätte Sicherheit. Aber der Sinn meines Lebens erfüllte sich nicht. Als ich meine Überzeugungen über Sicherheit fallenließ, konnte ich einen Lebensstil schaffen, der mich weit mehr erfüllte. Ich arbeite nicht mehr nur für ein Gehalt oder Sicherheit. Ich fühle mich heute frei und kreativ. Ich verwirkliche meine Ziele, unterstütze andere beim Erreichen ihrer Ziele und empfinde Freude darüber. Ich erfülle mein Lebensziel.

Wenn wir den Sinn unseres Lebens erfüllen, haben wir kein Bedürfnis nach Struktur. Oft beeinträchtigen

Strukturen unsere Freiheit und untergraben unser Lebensziel. Wenn es uns beispielsweise an Spontanität mangelt,
versäumen wir womöglich die Gelegenheit, neue Erfahrungen zu kreieren, die uns ein Gefühl der Leichtigkeit,
Freiheit und Kraft verschaffen. Außerdem verlieren wir
viele unserer kindlichen Eigenschaften, wenn wir unsere
Spontanität aufgeben. Als Erwachsene sind wir oft nicht
sicher, wie wir sowohl spielerisch sein und uns dennoch
verantwortlich verhalten können. Wir können unser Staunen wiedergewinnen, wenn wir den Sinn unseres Lebens
erkennen und unsere Angst vor einem integeren Leben
aufgeben.

Viele von uns achten nicht auf Integrität und nehmen
am Erwachsenentheater teil. Das bedeutet, daß wir uns
einem Image verpflichten, von dem wir glauben, daß
andere es für erwachsen halten. Aber erwachsene Reife
ist kein Image sondern ein Bewußtseinszustand. Wenn
wir möchten, daß andere uns als reife Erwachsene betrachten, die verantwortlich handeln und Autorität haben,
dann sollten wir es niemandem gestatten, uns davon ab-
zuhalten, den Sinn unseres Lebens zu erfüllen. Wenn wir
im Einklang mit unserer *Essenz* leben, dann projizieren
wir ein stabiles, zentriertes und machtvolles Image. Manche werden uns testen und unsere Authentizität prüfen.
Bleiben wir jedoch dauerhaft bei unserem Engagement,
dann werden sie uns als Experten und Führungspersön-
lichkeit anerkennen und uns unterstützen. Wenn wir unser Lebensziel erfüllen wollen, dann müssen wir Experte
auf dem Gebiet unseres eigenen Lebens sein.

12.1 Führung

Effektive Anführer hören auf sich und entdecken die Überzeugungen, mit denen sie ihr Lebensziel erfüllen.

Oft setzt man Führungsqualitäten gleich mit der Fähigkeit, andere zu leiten, zu beeinflussen und ihnen Anweisungen zu erteilen. Wahre Führungsqualitäten richten sich jedoch nicht auf andere. Echte Autoritäten ernennen sich weder selber, noch werden sie von anderen ernannt. Denken Sie einmal an die Menschen, die Sie für effektive Führungspersönlicheiten halten. Haben diese Menschen lediglich irgendwelche Ziele oder handelt es sich vielmehr um ein Lebensziel? Wenn wir zwar Ziele, aber kein Lebensziel haben, dann fühlen wir uns leer, auch wenn wir unsere Ziele erreichen. Menschen, die ein Lebensziel haben, sind vielleicht nicht berühmt, aber sie haben eine Mission. Wir sind eine Autorität, wenn wir unsere *Essenz* und unser Lebensziel erfüllen. Wir sind nur dann effektive Führungspersönlichkeiten, wenn wir davon überzeugt sind, daß wir uns selber führen und den Sinn unseres Lebens erfüllen.

Man kann sich selber führen, wenn man persönlich Verantwortung übernommen und ein klares Ziel ins Auge gefaßt hat. Viele glauben, sie führten sich selber, wenn sie sich Ziele stecken und diese erreichen. Vielleicht glauben wir, unsere Ziele seien eine Zugangsberechtigung zu einer Welt voller Erfolg und Glück. Wir tendieren dazu, andere als Leiter und Vorbilder zu betrachten, statt unsere eigene Autorität anzuerkennen. Da wir aber alle eine ganze Reihe eigener Überzeugungen hegen,

nach denen wir leben, kann niemand anders uns genau
sagen, wie wir unsere Ziele erreichen oder unser Lebensziel erfüllen können. Sie können uns lediglich erzählen –
wie ich es hier tue – wie sie meinen, ihren Erfolg erzielt
zu haben.

Wenn Menschen ihre Ziele erreicht haben, fühlen sie
sich manchmal eine Zeitlang phantastisch und sind mit
dem Erreichten zufrieden. Kurz danach fühlen sie wieder
einen Mangel und setzen sich neue Ziele, um das gleiche
Hochgefühl zu erleben. In gewisser Weise ist der Prozeß,
sich Ziele zu setzen und sie zu erreichen, wie eine Droge.
Wenn sie keine Ziele haben, kommt den Zielsüchtigen
das Leben sinnlos vor. Wenn es jedoch der Zweck dieser
Erfolge ist, ein Hochgefühl zu kreieren, weshalb dann
warten, bis man das Ziel erreicht hat?

Sich selber zu führen heißt, jene Überzeugungen zu
finden, die es einem erlauben, das eigene Lebensziel zu
erfüllen, egal, welche Ziele man sich ansonsten setzt oder
erreicht. Der emotionale Lohn, den wir uns vom Erreichen unserer Ziele erhoffen, ist immer vorhanden. Wenn
wir uns Ziele setzen, nehmen wir oft an, daß wir nicht
bereits über das verfügen, was wir wollen. Die Absicht
hinter dem Ziel ist es, einen Beweis dafür zu erlangen,
daß wir das, was wir wollen, auch haben dürfen. Wenn
uns aber klar wird, daß die physische Manifestation unserer Ziele unser Lebensziel nicht fördert, schwindet das
Hochgefühl wieder.

Wer den Sinn seines Lebens nicht kennt, sucht häufig
Führung bei anderen. Als Anhänger ignorieren wir unser
eigenes Lebensziel und hegen die Überzeugung, daß unsere Freude daherrührt, daß andere uns akzeptieren. Aber
diese eher oberflächliche Akzeptanz basiert wohl kaum
auf der Schönheit unserer eigenen Größe. Wir werden

zum Gefangenen des Bedürfnisses nach der andauernden Aufmerksamkeit und Wertschätzung anderer. Wir glauben, die Aufmerksamkeit anderer zu brauchen, damit wir uns von denen, die wir schätzen, akzeptiert fühlen. Glauben Sie es oder glauben Sie es nicht: **Es gibt keine höhere Meinung als die, die wir von uns selber haben können**.

12.2 Der Blick vom Gipfel

Der Himmel, das sind Menschen, deren Überzeugungen der Seele Frieden und Freude bringen.

Menschen beschreiben ihr persönliches Wachstum oft als eine endlose Reise. Auf dieser Reise erfahren und überwinden sie Herausforderungen und erfahren anschließend Momente der persönlichen Offenbarung und Erkenntnis. Eine Erkenntnis lautet vielleicht, daß es die wesentliche Herausforderung und zugleich Chance unseres Lebens ist, uns unserer Überzeugungen bewußt zu werden. Leben wir erst einmal bewußt gemäß dem Sinn unseres Lebens, dann erkennen wir die Schönheit, das Wunder und die Größe unseres Daseins.

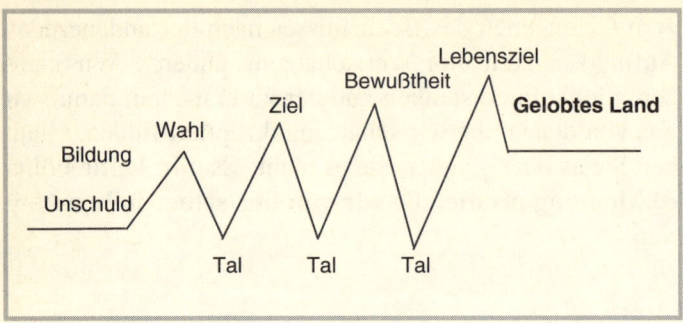

Die Abbildung stellt eine Reise durchs Leben dar. Wenn wir geboren werden, sind wir voller Unschuld. Wir hegen noch keinerlei Überzeugungen. Dann werden wir von vielen sozialen Instanzen programmiert: von den Eltern, der Schule, der Kirche, von Klubs, Cliquen, Teams, dem Staat und anderen Organisationen. Wir formen einen riesigen Fundus an Überzeugungen, das, was man für gewöhnlich Wissen nennt. Während wir nun auf der Suche nach Wissen den ersten Berg besteigen, sehen wir die vielen Möglichkeiten, die uns zur Verfügung stehen. Auf dem Gipfel des Berges *Wahl* können wir in viele Richtungen blicken und entscheiden, was unser nächstes Reiseziel sein soll.

Weil wir die Wahl und ein bestimmtes Wissen haben, setzen wir uns nun wahrscheinlich bestimmte Ziele. Zu diesen Zielen gehört auch unser Lebensstil: Die Form unserer Beziehungen, unsere Karrieren, materielle Besitztümer und alle damit einhergehenden Bestrebungen. Unsere Reise geht weiter in Richtung unserer Ziele und auf dem Weg dorthin durchschreiten wir Täler, in denen wir zusätzliches Wissen über das jeweilige Ziel sammeln, das wir erreichen wollen. Manche Menschen verlieren im Tal ihr Ziel aus den Augen oder lassen sich entmutigen.

Diejenigen, die jedoch den Gipfel des Berges namens *Ziel* erklimmen, erkennen, daß sie durch ihr Wissen und ihre Erfahrung selbstbewußter und selbstsicherer geworden sind.

Aber wer will schon auf diesem Gipfel stehenbleiben, wenn er oder sie selbstbewußt ist? Also glauben wir, wir hätten es verdient, den Gipfel des Berges namens *Bewußtheit* zu besteigen. Und wieder folgen wir einem ähnlichen Pfad auf unserer Reise. Das Tal zwischen den Gipfeln der Berge *Ziel* und *Bewußtheit* ist voller Herausforderungen und Ängste, die wir überwinden müssen. Wer sich jedoch auf sein Ziel konzentriert, erreicht möglicherweise den Gipfel der *Bewußtheit*. Mit unserem Wissen, unserer Erfahrung und unserer Bewußtheit erkennen wir, daß wir ein wirkliches Lebensziel haben.

Wer entschlossen genug ist, möchte nun den Sinn seines Lebens entdecken und begibt sich auf die Reise zum Gipfel des Berges namens *Lebensziel*. Das ist oft der schwierigste Teil unserer Lebensreise. Wer es jedoch auf den Gipfel schafft, wird meist mit einem Ausblick auf das Gelobte Land belohnt. Das Gelobte Land ist jenes Reich, in dem die Menschen wohnen, die ihre Integrität leben und ehren. Diese Menschen haben ihr Leben und ihre Überzeugungen so geordnet, daß sie immer die *Essenz* dessen fördern, was sie wollen. Schauen Sie sich die Illustration noch einmal an und markieren Sie den Ort, an dem Sie sich Ihrer Meinung nach befinden. Besteigen Sie gerade einen Berg? Steigen Sie gerade in ein Tal ab? Befinden Sie sich in einem Tal oder auf einem Gipfel? Haben Sie den Gipfel namens *Lebensziel* erreicht oder das Gelobte Land?

Nachdem Sie die Stelle markiert haben, fragen Sie sich, weshalb Sie glauben, sich dort zu befinden. Wenn

Sie nicht zumindest den Gipfel des Berges *Lebensziel* markiert haben, dann integrieren Sie ihr Wissen, Ihre Erfahrung, Ihre Bewußtheit oder Ihr Lebensziel nicht zu Ihrem Besten. Sie haben immer noch eine Überzeugung, die Sie davon abhält, den Sinn Ihres Lebens zu erfüllen. Es handelt sich dabei wahrscheinlich um die Überzeugung, daß Sie Ihre *Essenz* nicht leben.

Nach *Ihrer* Sicht erfüllen Sie Ihr Lebensziel derzeit noch nicht. Dabei *entgeht Ihnen*, daß Sie sich möglicherweise gar nicht mehr auf einer Reise befinden, weil Sie Ihr Lebensziel bereits kennen. Kennen Sie erst einmal den Sinn Ihres Lebens, dann können Sie sich nur dann auf dem Gipfel *Lebensziel* befinden, wenn Sie davon überzeugt sind, den Gipfel erreicht zu haben und Ihr Lebensziel zu erfüllen.

Ich vertraue darauf, daß Sie mit Ihrem nächsten Gedanken die Magie und Kraft entdecken, die darin liegt, nur jene Überzeugungen auszuwählen, mit denen Sie *erkennen*, daß Sie bereits im Gelobten Land leben.

Irgendwo in Ihrem Leben wartet ein Wunder geduldig auf Ihre nächste Überzeugung!

Danach

Ich vertraue darauf, daß Sie dieses Buch verwenden werden, um die Erkenntnis zu erlangen, daß Ihre Suche nach persönlichem Bewußtsein nur dann einem nützlichen Ziel dient, wenn Sie sie dazu nutzen, die *Essenz* dessen zu kreieren, was Sie in Ihrem Leben erleben wollen. Das bedeutet, daß Sie bereit sein müssen, sich Ihrer Überzeugungen bewußt zu sein und diese zu integrieren, so daß dieses Bewußtsein Ihnen hilft, die Lebenserfahrungen zu erschaffen, die Sie erleben wollen.

Sie können sich auch weiterhin mit anderen vergleichen und Beweise dafür sammeln, daß Sie den Wünschen Ihres Herzens nicht gerecht werden können. Vielleicht glauben Sie, daß andere es leichter haben, weil sie unter anderen Umständen leben. Sie haben aber auch die Möglichkeit, Ihre Rolle als Experte für Ihr eigenes Leben anzunehmen und die Initiative zu ergreifen, Ihr Lebensziel mit freudigen Resultaten zu erfüllen. Sie fangen vielleicht damit an, die Überzeugung fallenzulassen, daß Ihr Leben schwer ist oder sein muß. Nehmen Sie Ihre Position als der Zauberer in Ihrem Leben ein, dann können Sie die Magie erfinden. Sie brauchen nicht mehr auf jemand anderen zu warten, der Ihnen zeigt, wie Sie Ihr Leben verbessern oder vervollkommnen können. Erwarten Sie jedoch, oder hoffen Sie gar, daß ein anderer Ihnen sagt, wie Sie Ihr Leben leben sollten, dann gibt es sicherlich viele, die diese Verantwortung übernehmen können. Diese Menschen sehen aber möglicherweise ihr eigenes

Lebensziel nicht klar und haben ganz andere Pläne. In diesem Fall nehmen Sie Rat an und hören eine Vielzahl von Meinungen. Sie fühlen sich jedoch nicht erfüllt, zufrieden und glücklich.

Menschen, die dieses Buch gelesen haben, haben mir gesagt, daß sie sich entspannt, ruhig, hoffnungsfroh, ermächtigt, optimistisch und beschwingt fühlen. Jedesmal, wenn wir anerkennen, daß wir viele Möglichkeiten haben, fühlen wir uns bereichert. Wenn Sie ähnliche Gefühle empfinden, dann liegt dies vermutlich daran, daß Sie sich für die Überzeugung geöffnet haben, persönlich neue Freiheiten gewonnen zu haben, die nicht mehr durch Indizienbeweise verschleiert werden. Die wahren Belohnungen im Leben treten dann in Erscheinung, wenn wir immer nur die Überzeugungen hegen, die uns helfen; wenn wir uns nur auf unser Lebensziel konzentrieren und uns nicht mehr darum kümmern, wie andere ihr Leben leben.

Ich bin davon überzeugt, daß Sie sich für den Sinn Ihres Lebens engagieren und es der Schönheit und dem Wunder Ihres Lebens gestatten können, sich in Vertrauen, Bewußtheit und Wissen zu entfalten. Seien Sie einfach davon überzeugt, daß Sie es können!

Auf immer und ewig – ist niemals weit entfernt

Der Autor

David B. Bolen II. ist Autor von *The Essence of Living: Reaching Beyond Global Insanity*. Er gründete mit *Shared Knowledge* ein Unternehmen, das jenen Menschen hilft, die in Seminaren, Workshops und Einzelsitzungen persönliche Bewußtheit und Selbstermächtigung anstreben. Bevor er sich dem Sinn seines Lebens verpflichtete, arbeitete er sechzehn Jahre lang als internationaler Marketingstratege, Planer und Berater für Großkonzerne. Als Sohn eines Diplomaten und Botschafters wuchs er auf drei Kontinenten auf und ist schon seit seiner Jugend viel gereist. Er hat seine Philosophie mit Menschen auf der ganzen Welt geteilt und vertritt die Überzeugung, daß wir in der *Essenz* unseres Wesens alle ein und dieselbe menschliche Erfahrung anstreben. Seine Lebenserfahrung und sein Bewußtsein lieferten die Inspiration für seine Bücher. Von der *University of Colorado* erhielt er den Titel Bakkalaureus; er selbst hat sich den Titel L.B.M.W. verliehen (Lizensiertes und Beglaubigtes Menschliches Wesen).

Stichwortverzeichnis